Celia A. Estupiñán Rivero

W0403295

Ministerio de Educación y Ciencia

Ediciones Morata, S.A.

Colección: PEDAGOGIA

Educación infantil y primaria

Orientaciones para la escuela infantil de cero a dos años

Por:

ANNE WILLIS
HENRY RICCIUTI

Traducido por:

Javier ORTIZ

Revisado por:

Víctor FERNANDEZ

Obras que componen la Colección «Educación infantil y primaria»
(coedición EDICIONES MORATA, S.A. y
MINISTERIO DE EDUCACION Y CIENCIA):

1. **Zimmermann, D.:** *Observación y comunicación no verbal en la escuela infantil.*
2. **Oléron, P.:** *El niño: su saber y su saber hacer.*
3. **Loughlin, C. y Suina, J.:** *El ambiente de aprendizaje: diseño y organización.*
4. **Browne, N. y France, P.:** *Hacia una educación infantil no sexista.*
5. **Selmi, L. y Turrini, A.:** *La escuela infantil a los tres años.*
6. **Selmi, L. y Turrini, A.:** *La escuela infantil a los cuatro años.*
7. **Saunders, R. y Bingham-Newman, A.M.:** *Perspectivas piagetianas en la educación infantil.*
8. **Driver, R.; Guesne, E. y Tiberghien, A.:** *Ideas científicas en la infancia y la adolescencia.*
9. **Harlen, W.:** *Enseñanza y aprendizaje de las ciencias.*
10. **Selmi, L. y Turrini, A.:** *La escuela infantil a los cinco años.*
11. **Bale, J.:** *Didáctica de la geografía en la escuela primaria.*
12. **Tann, C.S.:** *Diseño y desarrollo de unidades didácticas en la escuela primaria.*
13. **Willis, A. y Ricciuti, H.:** *Orientaciones para la escuela infantil de cero a dos años.*
14. **Orton, A.:** *Didáctica de las matemáticas.*

Anne Willis
Henry Ricciuti

Orientaciones para la escuela infantil de cero a dos años

Ministerio de Educación y Ciencia
Centro de Publicaciones
Ciudad Universitaria, s/n.
28040 - Madrid

Ediciones Morata, S.A.
Fundada por Javier Morata, Editor, en 1920
28004 - Madrid

Título original de la obra:

A GOOD BEGINNING FOR BABIES. GUIDELINES FOR GROUP CARE

© National Association for the Education of Young Children. Washington (5ª ed.) 1985.

No está permitida la reproducción total o parcial de este libro, ni su tratamiento informático, ni la transmisión de ninguna forma o por cualquier medio, ya sea electrónico, mecánico, por fotocopia, por registro u otros métodos, sin el permiso previo y por escrito de los titulares del Copyright.

© de la presente edición:
EDICIONES MORATA, S.A. (1990)
Mejía Lequerica, 12 - 28004 - Madrid
y
Centro de Publicaciones del
MINISTERIO DE EDUCACION Y CIENCIA
Ciudad Universitaria, s/n - 28040 - Madrid

Derechos reservados
Depósito Legal: M-9.831-1990
ISBN: 84-7112-344-4

NIPO: 176-89-117-6
Tirada: 3.000 ejemplares
Compuesto por: C & D
Printed in Spain - Impreso en España
Imprime: LAVEL
Cuadro de la cubierta: *Estudio para «El baño»*, de Joaquín Sorolla y Bastida.
Reproducido con permiso del Museo Sorolla. Madrid.

Contenido

AGRADECIMIENTOS 9

INTRODUCCION 11

CAPITULO PRIMERO: **Objetivos y principios** 19

CAPITULO II: **Relaciones con la familia** 26
Contactos iniciales, 27.- *Contactos diarios*, 28.- *Ingreso y salida de una escuela infantil*, 29.- *Responsabilidad del centro hacia los padres*, 30.- *Servicios adicionales para los padres*, 31.

CAPITULO III: **Organización del centro y del personal** 33
Asignación de educadoras a los bebés, 33.- *Proporción entre educadoras y bebés*, 35.- *Tamaño óptimo del grupo*, 35.- *Distribución por edades en el grupo*, 37.

CAPITULO IV: **El proyecto educativo de centro: el día de una educadora** 40

CAPITULO V: **Juego y aprendizaje** 44
Juego y aprendizaje como experiencias naturales, 46.- *Desarrollo normal y diferencias individuales*, 47.- *Estabilidad del entorno general*, 48.- *Monotonía y variedad en las actividades diarias*, 49.- *La importancia de los retos*, 51.- *Juego social: adultos y bebés juntos*, 52.- *Materiales de juego*, 61.- *Interacción entre bebés*, 67.- *Conclusión*, 68.

CAPITULO VI: **Ayudar a los bebés en su adaptación** 74
El llanto y el tratamiento de la inquietud, 74.- Causas de la inquietud, 76.- Respuestas a la inquietud, 79.- *Comienzos del autocontrol*, 82.

CAPITULO VII: **Los cuidados rutinarios** 89
Alimentación, 89.- Relación con los padres, 89.- La hora de comer: el bebé y la educadora juntos, 91.- Algunas consideraciones prácticas, 93.- *Cambio de pañales*, 95.- *La siesta*, 97.

CAPITULO VIII: **El personal: composición, formación y estado de ánimo** 102
Descripción de los niveles del personal, 103.- *Formación: ¿qué y cómo?*, 108.- Métodos de formación, 108 — El contenido de la formación, 110.- Utilización de este libro en la formación, 112.- Ayudas en la formación, 113.- La formación de nuevas educadoras, 115.- *Estado de ánimo*, 116.

CAPITULO IX: **Espacio físico y equipamiento** 121
Disposición de las habitaciones, 121.- *Bases para la distribución general*, 122.- Entrada, 122.- Zona de juego, 122.- Cocina, 127.- Dormitorio, 128.- Otras habitaciones, 128.- El patio, 129.

CAPITULO X: **Salud y seguridad** 130
Actitud ante las enfermedades infantiles, 130.- *Actuaciones sanitarias de rutina*, 131.- *Seguridad*, 132.

CAPITULO XI: **Epílogo** 135
El mantenimiento de la calidad de los proyectos, 136.- *La educación infantil como profesión*, 135.- *Tipos de proyectos educativos*, 136.- *El coste de la educación infantil*, 137.- *Los efectos de la educación infantil*, 137.

APENDICE 141
Apéndice A-1: Hoja de información, 142.- *Apéndice A-2*: Hoja de información diaria para educadoras, 147.- *Apéndice A-3*: Hoja de información diaria para padres y educadoras, 148.- *Apéndice B*: Perfil de hitos seleccionados del desarrollo durante los dos primeros años de vida, 149.- *Apéndice C*: Juguetes para bebés y niños pequeños, 158.- *Apéndice D*: Mesa múltiple para dar de comer a los bebés mayores, 160.- *Apéndice E*: Escala de valoración para educadoras, 161.- *Apéndice F*: Lista de hitos del desarrollo infantil, 164.- *Apéndice G*: Carta a los padres sobre enfermedades, 166.- *Apéndice H*: Algunas recomendaciones para educadoras: síntomas y heridas que requieren atención médica especial, 168.

BIBLIOGRAFIA 169

OTRAS OBRAS DE EDICIONES MORATA DE INTERES 175

Agradecimientos

La información contenida en este libro ha sido elaborada a partir de la experiencia de más de tres años confeccionando un proyecto educativo de escuela infantil. Gran parte del mérito de estas directrices debe otorgarse a las educadoras de nuestro programa: Lynda Deprez, Frances Doney, Deborah Gilman, Mildred Lovett y Beverly Meek. Cada una de ellas, según su propio estilo, atendió a los niños con acierto, sensibilidad y placer. Dicho de otra manera, vivieron con los bebés, tal y como está descrito en los siguientes capítulos. Además tuvieron la capacidad necesaria para analizar lo que estaban realizando, sin poner en peligro la calidad —creatividad y espontaneidad— de sus relaciones con los pequeños. Su ayuda en la confección de este libro ha sido inestimable.

También debemos expresar nuestro agradecimiento a los niños y a sus familias, que entendieron a la perfección que nuestro trabajo consistía en explorar cuestiones relacionadas con la educación infantil. Todos ellos se mostraron muy predispuestos, ofreciéndonos una amplia gama de alegrías, problemas e inquietudes que nos han facilitado mucho la elaboración de estas indicaciones.

La habilidad mecanográfica de Eliza Lenneberg y Mary Miller y su interés en efectuar tareas adicionales, convirtieron en un proceso tranquilo y fácil lo que podía haberse desarrollado de un modo difícil y discontínuo. Les agradecemos mucho su ayuda.

Por último, nos gustaría dar las gracias a Helen Bayer, Jennifer Birckmayer y Robert Bookman, cuyas lecturas críticas y minuciosas del borrador nos ofrecieron provechosas sugerencias; agradecemos su meticulosidad y su sensibilidad.

Anne Willis
Henry Ricciuti

Introducción

Este libro presenta los resultados de varios años de esfuerzos para conceptualizar más sistemáticamente y hacer más explícitas las características esenciales del entorno de un grupo cualificado de cuidado infantil a bebés en su primer año de vida; estas consecuencias las vamos a dictar como una serie de principios, indicaciones y sugerencias relativos al procedimiento a seguir. El libro tiene la intención primordial de servir de asistencia práctica a todas aquellas personas más directamente interesadas en el establecimiento y mantenimiento del desarrollo de estos grupos, con niños de menos de 12 meses hasta 15, bien en centros, bien en entornos familiares.

Nuestro objetivo general al formular esta exposición de principios y directrices, fue el mantenimiento y desarrollo de un ambiente de educación de calidad a un grupo en nuestra propia escuela infantil experimental, así como la evaluación y el perfeccionamiento de dichas directrices en el contexto de nuestra propia experiencia al llevar a cabo un proyecto. Durante tres años, nuestro centro proporcionó diariamente cuidados en régimen de medio o día completo a un grupo de bebés (entre 8 y 12), inscritos a la edad aproximada de 2 a 5 meses y que permanecían en el proyecto educativo durante un período aproximado de un año. El funcionamiento de este sistema de educación infantil nos permitió llevar a cabo una serie de observaciones sistemáticas de los niños y del entorno del centro, modificar las prácticas de las educadoras* y estudiar los cambios del comportamiento de los pequeños que son necesarios para establecer una base experimental sobre la que elaborar y perfeccionar normas y principios.

Durante los próximos años, es muy posible que continúen incrementándose las presiones sociales y las demandas de centros de educación infantil y otros proyectos que fomenten el desarrollo de los niños que comienzan a andar, e incluso de los bebés, quienes necesitan atención en grupo fuera del hogar. Hay, por tanto, gran necesidad de una mayor información respecto a las modificaciones de las experiencias y el desarrollo en los primeros años, y también de unas guías que dirijan la programación, de manera que puedan utilizarlas personas responsables del establecimiento de esos proyectos. Algunas de estas pautas tienen que ver, en gran medida, con cuestiones prácticas como la salud, seguridad, nutrición, disposición espacial y varios tipos de cuidados «obligatorios», como la alimentación, el cambio de pañales y el sueño. Otras directrices se concretan sobre todo en los procedimientos para asegurar que las experiencias diarias del bebé en la situación de atención en grupo ayuden a un desarrollo normal, o saludable, y quizá incluso óptimo.

En los últimos años, ha habido un incremento en el número de debates teóricamente orientados que trataban el problema de la definición de la naturaleza esencial y los principales componentes de la creación de un ambiente infantil, que potencie el desarrollo con especial atención a los efectos del cuidado

* Por motivos de conveniencia, nos referiremos a lo largo del libro a «las educadoras» (en femenino). Es muy deseable y recomendable que, si es posible, los varones realicen éstas y otras funciones en los proyectos de educación infantil.

en grupo (1)*. Al mismo tiempo, existe buen número de publicaciones y manuales que tratan las cuestiones de importancia y los principios de una buena atención, dirigidos en especial a las personas responsables en el desarrollo de los recursos para niños pequeños (2).

Por lo general, los esfuerzos mencionados antes, tienden a realzar la importancia concedida hasta fechas muy recientes a los ambientes y los proyectos de centro para niños de más de un año y para preescolares; pero últimamente han aparecido varios manuales que tratan del cuidado de bebés de menos de un año (3). Esto refleja el hecho de que, en general, el desarrollo de estos proyectos de centro para bebés es un movimiento relativamente reciente, por lo que nuestra experiencia con ellos es mucho más limitada. Por esto mismo, y teniendo en cuenta el actual incremento de la demanda por parte de la sociedad, es necesario un mayor trabajo que especifique la naturaleza de los entornos que faciliten la educación en grupo del niño durante su desarrollo y se precisa también una mayor especificación de las pautas y principios para crear y mantener tales ambientes. Esto ha sido, por tanto, una de las áreas centrales de nuestro proyecto de investigación y desarrollo.

Hasta los últimos seis años, nuestra sociedad ha mostrado una reticencia notable en la creación de grupos de educación infantil para niños pequeños fuera de casa durante períodos prolongados. Este hecho se basaba, en gran medida, en los temores a los posibles efectos adversos de esta experiencia a tan temprana edad; el recelo procedía fundamentalmente de algunos estudios anteriores sobre la institucionalización y la deprivación (4). Así que, cuando, a mitad de los sesenta, se iniciaron estos proyectos para familias de educación infantil con unos ingresos muy bajos, parte de los primeros estudios evaluativos se centraron en la obtención de datos que demostraban que no impedían la evolución general ni el correcto funcionamiento intelectual del niño, como algunos habían temido. Por el contrario, es evidente que esta experiencia puede ayudar a evitar el retraso evolutivo del niño, que, de otra manera, podría ocurrir (5).

Aunque parece claro que un buen ambiente dentro del grupo no tiene por qué ejercer una influencia negativa en el desarrollo psicomotor, intelectual o lingüístico, sino que, al contrario, lo puede mejorar, es necesario continuar los estudios sobre los posibles efectos en el desarrollo social de los niños que participan en estos proyectos de educación infantil en grupo fuera del hogar, prestando una especial atención a los modelos de los vínculos sociales dentro de la familia y con las personas que les rodean, como es el caso de las educadoras (6). Este tema fue secundario en nuestro proyecto de investigación y demostración (7).

Volviendo a la cuestión del desarrollo del proyecto de centro, el problema de la especificación de las características esenciales o de los elementos de un ambiente de cuidado en grupo se puede enfocar de diversas maneras. Por ejemplo, podemos centrar el tema en la designación de un *curriculum* con el fin de proporcionarles una mejor educación, sobre todo a los más pequeños, ya sea en el grupo o en casa (8). Este punto de vista tiende a centrarse en el desarrollo de una variedad de tipos específicos de materiales y actividades, que las educadoras o los padres deben confeccionar con los niños de forma individual, para fomentar el desarrollo de los comportamientos, destrezas y apti-

* Las notas se encuentran al final de cada capítulo.

tudes infantiles. Este enfoque con frecuencia conlleva instrucciones bastante específicas, con el fin de asegurar que todos los bebés de un determinado proyecto docente estén expuestos con regularidad a una serie de actividades educativas apropiadas, y durante períodos de tiempo definidos.

Gran parte de los materiales y actividades recomendados en este enfoque tanto para las educadoras como para los bebés son muy útiles, sobre todo para la formación de nuevas profesionales. Sin embargo, nuestra preocupación con el *curriculum o la educación infantil*, es que, a menudo, tiende a estrechar el marco del aprendizaje del niño, centrándose primordialmente en la especificación de determinadas actividades, con una consideración hacia su experiencia de cuidado en grupo bastante pequeña. *Nuestro punto de vista es que el* curriculum *del bebé (término que nosotros preferimos evitar) representa, en esencia, toda la experiencia proporcionada por la educación infantil en un grupo o en casa.* A menudo, en el transcurso normal de un proyecto de educación infantil en grupo se presentan oportunidades de todo tipo, con experiencias que facilitan el desarrollo del niño, tanto en las actividades rutinarias (alimentarles, cambiarles los pañales, tranquilizarles o dormirles), como en los ratos dedicados al juego. Nuestro objetivo principal es intentar aclarar una serie de pautas para que las educadoras mejoren la educación de los bebés; y para ello daremos ilustraciones concretas, de manera que el proyecto (o *curriculum*) quede determinado por estos principios y se pueda describir en términos de las prácticas específicas y de los procedimientos que se generan en dichas pautas. Creemos que este acercamiento, a la larga, podría hacer factible que las educadoras utilizaran la variedad de oportunidades que tienen ante sí para asegurar que las experiencias sociales y de aprendizaje en el grupo de atención sirvieran para un buen desarrollo del pequeño y quizá, incluso, facilitasen su óptima evolución. Además, esta orientación hace posible la incorporación de varias actividades dentro de un proyecto, tal y como fueron especificadas en el enfoque del *curriculum* pero en un contexto mucho más amplio, con el conocimiento de toda la experiencia de cada bebé, sus características particulares y los modelos de desarrollo.

Las ideas de este libro surgieron de la experiencia con niños normales y sanos, de familias acomodadas, cuyos padres, en la mayoría de los casos, no tenían problemas económicos u otros inconvenientes que podrían haber dificultado el cuidado óptimo de sus hijos. Por tanto, estos bebés gozaban de un desarrollo normal, sin condicionamientos físicos ni psíquicos (9). *Nuestro principal objetivo se ha basado en la creación de unos principios para grupos de educación infantil de centros específicos, pero creemos que son igualmente válidos para llevar a cabo el cuidado del niño con la familia o en casa.* Serían necesarias algunas adaptaciones adecuadas en las directrices, pero la calidad del programa está perfilada para cualquier ambiente.

En los capítulos que siguen, primero efectuaremos una descripción general de los objetivos y principios de estos grupos de educación infantil, esperamos que con la suficiente elaboración como para que sean claros y explícitos (Capítulo Primero). Luego analizaremos la importancia de mantener una relación estrecha entre los proyectos educativos de grupo y las familias (Capítulo II). Estos dos capítulos proporcionarán una estructura orientativa para el resto de las secciones que traten los diversos aspectos específicos del funcionamiento y mantenimiento de un programa de calidad. En el contexto de estos últimos apartados, será donde encontremos las pautas y principios a seguir más articulados y concretos.

Dirigiremos una atención especial a la organización general del proyecto y a la disposición de la plantilla (Capítulo III). Después volveremos a unas consideraciones más detalladas sobre el contenido y funcionamiento del proyecto organizadas en términos de responsabilidades e intereses de las educadoras en el funcionamiento diario de un centro educativo. Este análisis comenzará con una breve visión de conjunto de un día normal en un centro de educación infantil desde la perspectiva de una educadora (Capítulo IV), y luego continuará una consideración sistemática sobre la importancia de que el niño tenga suficientes oportunidades para el desarrollo de experiencias de juego y de aprendizaje llenas de sentido, como parte normal de su experiencia diaria, sobre todo en el contexto de la interacción social (Capítulo V). A continuación se analizarán dos aspectos generales sobre integración de los niños, la cual se puede facilitar con unos atentos cuidados: primero, el consuelo del llanto y de la inquietud, especialmente en los niños más pequeños; segundo, el fomento gradual de un comportamiento controlado y autodirigido cuando el bebé cumple el primer año (Capítulo VI).

Las consideraciones referentes a la alimentación, el cambio de pañales y el sueño (Capítulo VII), son bastante breves y acentúan la utilización de estas situaciones como unas buenas oportunidades para el aprendizaje y la interacción social entre el pequeño y la educadora. Debido a que la ejecución de las prácticas presentadas hasta el momento depende en gran medida de la calidad del personal, presentamos en el Capítulo VIII un análisis bastante detallado de la composición, aprendizaje y ética de la plantilla.

Los dos capítulos siguientes tratarán brevemente de la disposición funcional de los recursos físicos (Capítulo IX) y de las pautas necesarias sobre salud y seguridad (Capítulo X). Por último, en el Epílogo, (Capítulo XI), plantearemos algunos temas generales y preguntas importantes para todos aquellos relacionados con el cuidado infantil y, en particular, para los que trabajan con grupos.

Del anterior esbozo del contenido de este libro, se deduce obviamente que hemos dado la mayor importancia a la puesta en práctica de los principios de una buena atención a través de la consideración detallada de unas prácticas cuidadosas que faciliten el desarrollo de las aptitudes intelectuales, sociales y motrices del niño. No hemos tratado, o lo hemos hecho someramente, algunos importantes problemas y cuestiones sobre programas de educación infantil y ello se debe a que existen otras publicaciones que presentan estudios más completos a ese respecto. No ha sido nuestra intención dar una visión general del desarrollo normal del bebé, cuestión de particular importancia para las educadoras. Estas deben tener conocimientos sobre nutrición infantil y es algo que no entra dentro del alcance de estas orientaciones. Sólo hemos presentado unas nociones básicas sobre salud, seguridad, recursos físicos y planificación espacial, y gestión administrativa y fiscal. En el capítulo dedicado a las notas, se podrán encontrar fuentes de información sobre estos temas.

Crear una escuela infantil ocasiona una serie de problemas, en diversas áreas, que están más allá del alcance de nuestro libro, entre los que podemos incluir el de los permisos. Las personas responsables de estos proyectos deben estar familiarizadas con la normativa bajo la que deben operar. Además de las referencias de las notas de cada capítulo, hay un buen número de fuentes de información general para la creación de escuelas infantiles y todo lo referente a los permisos (10).

El libro se escribió, en primer lugar, para los directores de centro o de proyecto, es decir, para las personas a cargo del mantenimiento de la calidad y de la instrucción de la plantilla. Sin embargo, sería de gran utilidad que la totalidad del personal lo leyera y lo discutiera. En el capítulo de aprendizaje de las educadoras (VIII), se pueden encontrar los diversos modos de utilizar este libro y otras fuentes de información para tal fin.

Por último, debemos mencionar que algunas personas pueden percibir en nuestro análisis de objetivos y principios de los próximos capítulos, unas expectativas o criterios excesivamente elevados, dada la realidad práctica y las limitaciones del funcionamiento de los proyectos en este campo. A nosotros nos parece que estos principios y prácticas son razonables y realizables. Es inevitable que se transija en muchas circunstancias, pero también es esencial que los que forman parte de estos grupos de educación infantil trabajen siempre con el fin de proporcionar condiciones óptimas para el desarrollo del niño.

Notas

1. Bronfenbrenner, U. «When Is Infant Stimulation Effective?» En *Environmental Influences,* D.C. Glass. (Ed.) Nueva York: Rockefeller Press and Russell Sage Foundation, 1968.

Caldwell, B.M. «What Is the Optimal Learning Environment for the Young Child?» *American Journal of Orthopsychiatry* 37 (1967): 8-21).

Fowler, W. «The Effect of Early Stimulation: The Problem of Focus in Developmental Stimulation». *Merrill-Palmer Quarterly* 15 (1969): 159-170.

Yarrow, L.J. «Conceptualizing the Early Environment» En *Early Child Care,* C.A. Chandler, R.S. Lourie, y A.D. Peters (Eds.) Nueva York: Atherton Press, 1968.

2. Appalachian Regional Commission. *Programs for Infants and Young Children.* Washington, D.C.: Appalachian Regional Commission, 1970.

Part I: Education and Day Care
Part II: Nutrition
Part III: Health
Part IV: Equipment and Facilities

Chandler, C.A.; Lourie, R.S. y Peters, A.D. (Eds). *Early Child Care.* Nueva York: Atherton Press, 1969.

Fein, G.G. y Clarke-Stewart, A. *Day Care in Context.* Nueva York: John Wiley & Sons, 1973.

Grotberg, E.H., (Ed.) *Day Care: Resources for Decisions.* Washington, D.C.: Office of Economic Opportunity, 1971.

Office of Child Development, U.S. Department of Health, Education, and Welfare. *Day Care.* Washington, D.C.: U.S. Government Printing Office.

1. *A Statement of Principles,* 1971 [DHEW Publicación N.° (OCD) 72-10].
2. *Serving Infants, 1971 [DHEW Publicación N.° (OCD) 72-8].*
3. *Serving Preschool Children,* 1974 [DHEW Publicación N.° (OCD) 74-1057].
4. *Serving School Age Children,* 1972 [DHEW Publicación N.° (OCD) 72-34].
5. *Staff Training,* 1971 [DHEW Publicación N.° (OCD) 72-23].
6. *Health Services,* 1971 [DHEW Publicación N.° (OCD) 72-4].
7. *Administration,* 1971 [DHEW Publicación N.° (OCD) 72-20].
8. *Serving Children with Special Needs,* 1972 [DHEW Publicación N.° (OCD) 72-42].

3. Dittmann, L.L. (Ed.) *The Infants We Care For.* Washington, D.C.: National Association for the Education of Young Children, 1973.

Evans, E.B., y Saia, G.E. *Day Care For Infants.* Boston: Beacon Press, 1972.

Honig, A.S. y Lally, R.J. *Infant Caregiving: A Design for Training.* Nueva York: Media Press, 1972.

Huntington, D.S.; Provence, S.; y Parker, R.K. *Day Care 2: Serving Infants.* Washington, D.C.: U.S. Government Printing Office, 1971 [DHEW Publicación N.º (OCD) 72-8].

Keister, M.E. *«The Good Life» for Infants and Toddlers*. Washington, D.C.: National Association for the Education of Young Children, 1970.

Provence, S. *Guide for the Care of Infants in Groups.* Nueva York: Child Welfare League of America, 1971.

Tronick, E., y Greenfield, P.M. *Infant Curriculum.* Nueva York: Media Projects, 1973.

4. Bowlby, J. *Attachment and Loss*. Vol. 2: Separation.* Londres. Hogarth, 1973.

Provence, S. y Lipton, R.C. *Infants in Institutions.* Nueva York: International Universities Press, 1962.

Rutter, M. *Maternal Deprivation Reassessed*. Baltimore: Penguin Books, 1972.

Yarrow, L.J. «Separation from Parents during Early Childhood». En *Review of Child Development Research, Vol. 1,* M.L. Hoffman y L.W. Hoffman (Eds.) Nueva York: Russell Sage, 1964.

5. Caldwell, B.M. «Wat Does Research Teach Us about Day Care for Children under Three?» *Children Today* 1 (1972): 6-11.

Horowitz, F.D. y Paden, L.Y. «The Effectiveness of Environmental Intervention Programs». En *Review of Child Development Research, Vol. 3: Child Development and Social Policy.* B.M. Caldwell y H.N. Ricciuti (Eds.) Chicago: University of Chicago Press, 1973.

Starr, H. «Cognitive Development in Infancy: Assessment, Acceleration, and Actualization». *Merril-Palmer Quarterly* 17 (1971): 153-186.

6. Los siguientes estudios decriben intentos recientes de examinar los posibles efectos de una experiencia prolongada de cuidado diurno en los primeros años de vida sobre los modelos de vínculos entre madre e hijo.

Blehar, M.P. «Anxious Attachment and Defensive Reactions Associated with Day Care». *Child Development* 45 (1974): 683-692.

Caldwell, B.M.; Wright, C.M.; Honing, A.S.; y Tannenbaum, J. «Infant Day Care and Attachment». *American Journal of Orthopsychiatry*, 40 (1970): 397-412.

7. Ricciuti, H.N. «Fear and the Development of Social Attachment in the First Year of Life». En *Origins of Human Behavior: Fear,* M. Lewis y L. Rosenblum (Eds.) Nueva York: John Wiley & Sons, 1974.

Ricciuti, H.N. y Poresky, R.H. «Development of Attachment to Caregivers in an Infant Nursery during the First Year of Life». Trabajo presentado en la asamblea de la Society for Research in Child Development, Marzo 1973, Philadelphia, Pa.

Para un breve resumen de los dos trabajos precedentes, véase Capítulo III, Nota 1.

Willis, A., y Ricciuti, H.N. «Longitudinal Observations of Infants' Daily Arrivals at a Day Care Center». Informe técnico, Cornell Research Program in Early Development and Education. Ithaca, Nueva York: Cornell University, Enero 1974.

8. Fowler, W. «A developmental Learning Approach to Infant Care in a Group Setting». *Merril-Palmer Quarterly* 18 (1972): 145-175.

Gordon, I.J. *Baby Learning Through Baby Play*. Nueva York: St. Martin's Press, 1970.

---

* Algunas de las obras citadas en estas notas tienen traducción al castellano; y los datos de la misma se incluyen en la Bibliografía de las páginas 169 a 173 de esta obra (*N. del R.*)

Lally, J.R. «Development of a Day Care Center for Young Children». Informe del Syracuse, N.Y. Children's Center, 1969-70.

Lambie, D.Z. y Weikart, D.B. «Ypsilanti-Carnegie Infant Education Project». En *Disadvantaged Child. Vol. III,* J. Hellmuth (Ed.) Nueva York: Bruner/Mazel, 1970.

Painter, G. «The Effect of a Structured Tutorial Program on the Cognitive and Language Development of Culturally Disadvantaged Infants. *Merril-Palmer Quarterly* 15 (1969): 279-294.

Painter, G. *Teach Your Baby*. Nueva York: Simon & Schuster, 1971.

Pekarsky, D.; Kagan, J.; y Kearsly, R. *Manual for Infant Development.* Dirección del autor: Inédito. Dr. Jerome Kagan, Department of Social Relations, Harvard University, Cambridge, Massachusetts 02138.

9. Granato, S., y Krone, E. *Day Care 8: Serving Children with Special Needs.* Washington, D.C.: U.S. Government Printing Office, 1972 [DEHW Publication N° (OCD) 72-42].

Aunque este libro no se centra específicamente en los bebés, sino en niños de todas las edades, existen también muchas implicaciones para planificar programas para bebés con minusvalías.

10. Para la elaboración de programas, véase:

Day Care Council of New York. *So You're Going to Run a Day Care Service.* Nueva York: Day Care Council of New York, 1971.

Evans, E.B.; Shub, B.; y Weinstein, *Day Care*. Boston: Beacon Press, 1971.

Keister, M.E. «Practical Considerations in the Operation of a Center for Infants and Toddlers and Their Families». En *The Infants We Care For,* L.L. Dittmann (Ed.) Washington, D.C.: National Association for the Education of Young Children, 1973.

Ryan Jones Associates, Inc. *How to Operate Your Day Care Program.* Wyomissing, Pa.: Ryan Jones Associates, 1970.

Para autorizaciones, véase:

Child Welfare League of America Standards for Day Care Service (revisado 1969). Ejemplares en Child Welfare League of America, 67 Irving Place, Nueva York, N.Y. 10003.

Conserco, Inc. *Child Care Bulletin n° 4,* Tema: *A Survey of State Day Care Licensing Requirements.* Washington, D.C.: Day Care and Child Development Council of America, 1972.

Department of Health, Education, and Welfare. *The Federal Interagency Day Care Requirements of 1968.* Reimpreso por el Day Care and Child Development Council of America, Washington, D.C.

Office of Child Development, U.S. Department of Health, Education, and Welfare. *Guides por Family Day Care Licensing*. Washington, D.C.: Office of Child Development, U.S. Department of Health, Education, and Welfare, 1973.*

* En España este proceso va a sufrir modificaciones inminentes, tal como anuncia el *Libro Blanco para la Reforma del Sistema Educativo* (Ministerio de Educación y Ciencia, 1989, pág. 107): «Los centros de Educación Infantil podrán impartir toda la etapa o solamente uno de sus ciclos. Todos ellos deberán cumplir las condiciones educativas de profesorado, de espacios físicos y de seguridad, higiene y salud *que se establezcan*. Las administraciones educativas, a través del Servicio de Inspección Técnica, velarán por el cumplimiento de estas exigencias». (*N. del R.*).

CAPÍTULO PRIMERO

Objetivos y principios

Cualquier conjunto de orientaciones para el cuidado de bebés en grupo se basa en una serie de objetivos implícitos y explícitos con respecto a esos niños y a sus familias. Aunque las necesidades específicas que aparecen en un proyecto pueden ser muy diversas, los objetivos con respecto al bebé deben ser exhaustivos, es decir, deben comprender no sólo cuidados rutinarios como la salud o la seguridad, sino también una especial atención a su desarrollo total, incluyendo la relación con la familia. Así que, cuando hablamos de *educación de grupo de calidad,* nos estamos refiriendo a un entorno que satisface las necesidades físicas y psicológicas del niño, que hace que su sentimiento familiar no decrezca por la experiencia en el grupo, que da la posibilidad a los pequeños de confiar y sentir apego por el reducido número de adultos que se ocupan de su cuidado y que ofrece las alternativas necesarias para un aprendizaje espontáneo y agradable, capaz de fomentar el crecimiento de sus aptitudes de desarrollo.

Con las continuas presiones en favor de la educación infantil, y el reconocimiento de la importancia crucial que tienen los primeros meses de vida para el establecimiento de una base sólida del aprendizaje posterior, es importante resaltar que el mejor entorno de atención en grupo para el buen desarrollo de un bebé debe asemejarse en lo posible al de su propio hogar. Hay aspectos de estos grupos que son diferentes a los que se pueden encontrar en casa: la presencia contínua de otros bebés y adultos que no son sus padres, es el más obvio. Sin embargo, la valoración de la importancia de este supuesto ambiente hogareño nos puede ayudar a diseñar y establecer un programa y unas prácticas adecuados.

Las características que a la mayor parte de los padres les gustaría que fuesen promovidas en la educación de sus hijos serían las mismas tanto si pasan la mayor parte de su tiempo en casa como en un centro especializado. La lista que damos a continuación no tiene la intención de describir al «super-niño», sino de dar un perfil con algunas particularidades importantes de pequeños de 1 año y medio a 2 años, influidas por experiencias anteriores (1)*.

1. Sensación de pertenecer a la familia, vínculos primarios con los padres y otros miembros de la misma.
2. Capacidad de confianza en los demás y sensación de seguridad cuando está fuera de casa y con otras personas que no son de la familia. Este sentimiento trae consigo que el niño sepa que sus padres van a volver después y que confíe en las personas a las que se ha encomendado su cuidado.
3. Diversión con los otros, tanto con adultos como con niños; sensibilidad hacia los demás y capacidad de relacionarse positivamente.
4. Curiosidad por todo lo que le rodea, habilidad para disfrutar aprendiendo y explorando; confianza en sí mismo que le conduce a persistir en la superación de los obstáculos.

* Las notas se encuentran al final de cada capítulo.

5. Autonomía e independencia; habilidad para pensar y actuar por sí mismo con gusto.
6. Sentimiento de ser alguien importante y apreciado por los demás, que, hasta cierto punto, es capaz de controlar su comportamiento (por ejemplo, haciendo frente a la inquietud o iniciando comportamientos sociales adecuados) y que tiene efecto sobre el mundo social y físico (dominio).

7. Capacidad para comprender el lenguaje y los acontecimientos y para comenzar a expresarse de modo que pueda ser entendido; aptitud para resolver pequeños problemas.
8. Nivel de competencia adecuado en cuanto a locomoción y coordinación motriz.

La consecución de estos objetivos se hace más fácil si el cuidado se guía por unos principios convenientes. La siguiente relación de dichos principios forma el núcleo de lo que nosotros consideramos una buena experiencia para los bebés (2). A lo largo del libro, elaboraremos y concretaremos estos principios. Al estar interrelacionados entre sí, es inútil intentar ordenarlos según su importancia. Cada uno debe ser considerado en el contexto del conjunto, ya que todos ellos se encuentran equilibrados y complementados por los demás.

1. El cuidado de los niños debe ser individualizado, es decir, las prácticas de atención deben estar hechas a la medida de cada bebé. Cada uno de ellos es único en su grupo y por tanto tiene que ser atendido de una manera diferente a los demás. La orientación de un proyecto de grupo debe hacer que éste se adapte a los niños, y no a la inversa. Se debe alentar a las educadoras para que lleguen a conocer bien a los bebés, adviertan las diferencias que hay entre ellos y respondan a las mismas con efectividad. Esta disposición no se basará sólo en su conocimiento del desarrollo infantil normal, sino que habrá de tener en cuenta las características peculiares de cada pequeño. Mientras que los objetivos para el desarrollo del bebé en grupo son muy similares, las formas de conseguirlos variarán dependiendo de sus necesidades y características.

2. Debe haber continuidad en las personas que están al cuidado del niño. Si se quiere que las educadoras y los bebés lleguen a conocerse, el grupo de profesionales dedicado a atenderles con regularidad debe ser reducido. Si no es así, el cuidado individualizado llega a ser muy difícil, por no decir imposible. Además, sólo se puede establecer una relación de confianza y apego cuando el contacto con la misma educadora es frecuente y regular, y existe posibilidad de predicción en el proyecto educativo. Una relación estrecha con la educadora puede ayudar al pequeño a desarrollar un mayor sentimiento de confianza hacia los demás.

Está claro que no será posible, en general, que el niño sólo tenga una educadora, pero deberían ser muy pocas y los cambios reducirse al mínimo.

3. Hay que atender a los niños de una manera afectiva y cálida para hacerles sentir que son especiales. Las experiencias agradables compartidas con las educadoras acaban fomentando el desarrollo de relaciones positivas. Todos los bebés deben tener la oportunidad de quedarse a solas con su educadora en algún momento del día. El *modo* en que hacen algo juntos es más valioso que *lo que* hacen en realidad. El tratar a los niños como personas importantes, que pueden resultar agradables a los demás, les ayuda a generar un sentimiento positivo sobre sí mismos. En resumen, una buena educadora debe mostrar respeto por el bebé como un individuo con necesidades, preferencias y cambios de humor. Deberá responder con corrección a sus propuestas sociales e indicaciones de necesidad, dándole la oportunidad de iniciar agradables interacciones sociales con ella.

4. Debe haber un equilibrio entre la uniformidad y la variedad, tanto en las prácticas de la educadora como en el ambiente físico que le rodea. La estabilidad por sí misma no es ni buena ni mala; lo que es importante es que haya continuidad en que las atenciones sean individualizadas, afectuosas y que respondan a las necesidades. La única manera de que el niño aprenda a confiar en la educadora y vea que el mundo es un lugar donde casi todo se puede prever, es que sus necesidades sean satisfechas todos los días más o menos por las mismas personas y de forma parecida. El equilibrio de la educadora se debe mover entre los cambios de sensibilidad del bebé y la flexibilidad que permite al adulto variar su comportamiento hacia él.

En cuanto al ambiente físico, esta misma continuidad implica que el pequeño aprende tanto de la monotonía como de la variabilidad. La estabilidad y el orden en el mundo diario del niño, le permiten construir sus propias experiencias y aprender de ellas. Al tener los mismos juguetes, la misma cuna, las mismas rutinas todos los días, el bebé tiene la oportunidad de crear y dominar nuevas aptitudes sobre las ya establecidas.

Por otra parte, la experiencia diaria debe tener nuevos desafíos, al mismo tiempo que oportunidades de afianzar las habilidades ya adquiridas, puesto que ambas cosas son importantes para el aprendizaje. El entorno debe ofrecer suficiente variación para fomentar la exploración y curiosidad, y mantener el interés del niño y su participación placentera.

5. El entorno físico y social en el que el bebé pasa una buena parte del día debe proporcionarle las suficientes respuestas para que aprenda que ejerce cierto control sobre él. Si el mundo tiene que ir apareciéndole como algo lógico, es importante que sus acciones introduzcan algún cambio en dicho mundo. Al crear experiencias, las educadoras tienen que pensar en las aptitudes del bebé y en cómo darle la posibilidad de lograr un efecto, de realizar algo interesante, en vez de hacer siempre todo *por* y *para* él. Se le debe educar de forma que advierta que puede tener cierta influencia en otras personas, que sus propuestas generan reacciones predecibles. Las respuestas de la educadora deben abarcar todos los aspectos, desde el ofrecimiento de juguetes mecánicos para el desarrollo de sus destrezas motrices, hasta la alimentación cuando dé muestras de que tiene hambre, o el contestar a su sonrisa o a sus intentos de hablar con otros gestos similares. La adecuación de la respuesta es tan importante como su dependencia del comportamiento del bebé. El ambiente en el que se mueve debe ayudarle con sus respuestas, pero también ha de ser real: un lugar donde no todos los comportamientos tienen que terminar necesariamente con resultados predecibles.

6. Toda experiencia sirve de aprendizaje y el niño necesita una atención que le permita tener buenas oportunidades para aprender y para relacionarse socialmente a través de las rutinas diarias. Los pequeños aprenden sentimientos y actitudes sobre las personas, así como los hechos sobre el mundo y formas de solucionar los problemas a través del modo en que son atendidos. En resumen, las aptitudes sociales y cognitivas pueden obtenerse a partir de las actividades rutinarias, donde se les anima a iniciar interacciones y a responder a los demás y a todo lo que les rodea.

Este principio constituye el núcleo del enfoque de este libro: el *curriculum* debe ser visto, no como algo que sucede sólo *entre* la alimentación, el cambio de los pañales y las siestas, sino también *durante* estos momentos. Un buen proyecto orienta a las educadoras sobre el aprovechamiento del entorno natural y los juegos de los niños. Dado que las actividades rutinarias ocupan gran parte del día en la vida de un bebé, las educadoras no deben afrontarlas como unas tareas que deben despachar lo antes posible, sino como un tiempo para estar juntos, hablar y aprender. El bebé también puede adquirir experiencia a muy temprana edad, al inhibir y controlar convenientemente su propio comportamiento en el transcurso de estas actividades diarias.

7. El bebé necesita ser protegido de la sobreestimulación y el desorden. Hay que admitir que es difícil definir qué es sobreestimulación. Si el niño tiene demasiadas cosas a su alrededor para jugar, tocar, escuchar o mirar, se puede ver superado y no aprender tan efectivamente como cuando se da un equilibrio adecuado entre monotonía y variabilidad. El bebé necesita la oportunidad y el tiempo suficiente para asimilar y dominar esa nueva información, y es difícil que lo consiga con un continuo bombardeo de experiencias. En una situación de educación en grupo, en la mayoría de los casos habrá momentos de mucha actividad. Aunque es importante no protegerles en exceso, algunos niños que son demasiado receptivos ante todo lo que está pasando a su alrededor, necesitan más protección que otros. Una educadora pendiente de lo que sucede, que no pierda la calma ni la tranquilidad en los momentos de más ajetreo, puede influir en gran manera en el ambiente de la escuela infantil.

8. Debe evitarse que el niño esté expuesto en exceso a una inquietud profunda o prolongada. Las educadoras, deben estar muy atentas a la inquietud de los bebés y a su significado indicador de alguna necesidad, y deben ser capaces de ayudar a superarla. Los más pequeños pueden precisar que se les calme y todos requieren ayuda y apoyo afectivo para dominarla. Creemos que si los adultos responden a las muestras de inquietud rápida y apropiadamente ayudarán a los niños a superar sus disgustos en vez de usar el llanto prolongado para obtener lo que desean. Esto no quiere decir que la inquietud de un bebé tenga que llevarle a conseguir siempre lo que desea; significa que el llanto es un medio legítimo de comunicación y que no se le debe dejar llorar durante mucho tiempo, o hasta que se ponga histérico y tenga verdaderas dificultades para calmarse.

9. El bebé puede comenzar muy temprano a adoptar la actitud de que aprender es algo agradable. Las educadoras pueden fomentar esta iniciativa mostrando diversión al atender a los niños y entusiasmo en el aprendizaje. Deben tener en cuenta qué es agradable para el bebé y alentar sus reacciones. Si el aprendizaje es una experiencia agradable, éste se incrementará, al igual que la curiosidad. Aprender a aprender con deleite también implica una relación social especial con la educadora.

10. El niño aprende y disfruta mucho relacionándose con otros bebés. Un proyecto de educación infantil de calidad, le da la oportunidad de relacionarse con otros. Para los que son muy pequeños (que aún no se mueven), la interacción se reduce a colocarles juntos. Al mismo tiempo, se les debe proteger cuando comienzan a aprender modos de relacionarse con los demás. La educadora debe armarse de paciencia cuando atienden a bebés de más edad que tienen que aprender a autocontrolarse y que, sin embargo, no entienden lo que es compartir.

Como indicamos antes, el bebé también necesita estar solo. El pasar todo el tiempo formando parte de un grupo, puede fomentar una excesiva dependencia de los demás para que le entretengan y ayuden.

11. Para hacer un buen trabajo la educadora debe disfrutar con su papel. Divertirse con los niños no es suficiente; también hay que ser capaz de trabajar tranquilamente con el resto del personal y comunicarse con efectividad. Así mismo, es necesario el descanso; es imposible realizar un buen trabajo de educadora duante ocho horas al día. Muchas personas están convencidas de que el componente más importante para que un proyecto tenga éxito es que el ambiente en conjunto sea acogedor y orientado hacia los bebés. Esto es algo difícil de lograr; más bien es una consecuencia de la competencia de las personas que son capaces de disfrutar con los niños y son felices en su ambiente de trabajo. Una de las cuestiones que afectan a cualquier proyecto es cómo asegurar que el personal se sienta útil, capaz y contento con sus tareas.

12. En un buen proyecto de educación infantil debe existir un equilibrio entre las prácticas educativas del centro y las del hogar. Ya se ha mencionado el equilibrio de la asistencia en el centro. Por otra parte, las educadoras deben respetar el derecho de los padres a tomar decisiones sobre el cuidado de su pequeño y seguir sus costumbres. Es necesario llegar a un acuerdo para hacer posible que los padres puedan hablar con la educadora del niño a diario; ésta, por su parte, necesita saber cómo se atiende al bebé en casa —por ejemplo, qué se le hace antes de acostarle, qué suele comer—, para poder hacerlo de la misma manera, en la medida de lo posible. La comunicación entre los padres y el personal hará el trabajo más fácil y agradable y, lo que es más importante, conducirá al niño a unas experiencias más agradables y apropiadas. Se debe dar a los padres la oportunidad de participar en el proyecto de atención a su pequeño tanto como sea posible y, para lograrlo, se les debe alentar a que visiten a su hijo en el centro. Tienen que saber que ejercen cierta influencia. El personal puede jugar un papel muy importante, sobre todo con los padres primerizos, dándoles apoyo e información.

Notas

1. La lista que se detalla en el texto es general. Para una información más completa de las aptitudes específicas de los niños de 2 años, remitimos al lector al Capítulo V, nota 3, donde aparece una relación de fuentes de información sobre el desarrollo infantil normal.

2. En los últimos años, un buen número de personas, incluidos los autores de este libro, han establecido los objetivos y principios para el cuidado de bebés en grupo. Estos principios reflejan un consenso general bastante aceptable, a pesar de las variaciones de detalle:

Caldwell, B.M. «What Is the Optimal Learning Environment for the Young Child?» *America Journal Of Orthopsychiatry* 37 (1967): 8ı21.

Huntington, D.S.; Provence, S.; y Parker, R.K. *Day Care 2: Serving Infants.* Washington, D.C.: U.S. Government Printing Office, 1971 [DHEW Publicación N° (OCD) 72-81].

White, B.L. «Our Goals for the Infant and His Family». En *The Infants We Care For,* L.L. Dittmann (Ed.) Washington, D.C.: National Association for the Education of Young Children, 1973.

Se dispone de dos conjuntos de diapositivas que ilustran los principios del buen cuidado grupal del niño:

«But What Do You Do With Them? Joan Johnston y Anne Willis, Cornell Infant Nursery. Solicitar a Cornell Film Library, Roberts Hall, Cornell University, Ithaca, N. Y. 14853.

«Hidden Treasure», Infant Care Project, University of North Carolina at Greensboro, Greensboro, N. C. 27412.

CAPÍTULO II

Relaciones con la familia

Mantener una estrecha relación entre el proyecto educativo de grupo y la familia es, como ya vimos en el Principio 12 del Capítulo Primero, una cuestión muy importante que requiere un análisis más detallado (1). Un proyecto de calidad para los bebés, debe prestar atención no sólo a éstos, sino a la familia entera. Por supuesto, hay una variabilidad considerable en cuanto al número y el tipo de prestaciones de los padres que toman parte en estos proyectos, dependiendo de la naturaleza y el propósito de los centros. Algunos consideran la educación de los padres como un objetivo específico, dando una gran importancia a su participación, bien cooperando como cuidadores, o bien ayudando en la elaboración de las normas (2). Sin embargo, ni siquiera un proyecto que no tenga otros objetivos que los del mero cuidado del niño, conseguirá los resultados apetecidos sin una buena relación con los padres (padre y madre). Apoyarlos, informarles, darles la oportunidad de influir en los cuidados que su hijo está recibiendo; en resumen, cualquier cosa que sustente e incremente la satisfacción que sus padres sienten por él debe ser objetivo de todos los proyectos.

Uno de los cometidos más gratificantes para la educadora es ayudar a los progenitores a darse cuenta de los logros del niño, haciéndoles ver cómo se desarrollan sus habilidades —es decir, contribuyendo a que aprecien más la personalidad de su hijo y disuadiéndoles de hacer excesivas comparaciones con otros bebés. De esta manera, la educadora está jugando un papel muy importante, al igual que cuando mantiene el apoyo y la actitud optimista ante la preocupación de los padres por el desarrollo de su hijo.

Una de las críticas expresadas acerca de la educación infantil fuera de casa, es que debilita o minimiza la importancia de la familia, al transferir la responsabilidad del bebé a otras personas. Si bien algunos programas puede que no contribuyan a desarrollar el sentimiento familiar del niño, y viceversa, si son de *calidad*, necesariamente incluyen una relación intensa con la familia para reforzar dicho vínculo. Uno de los fines mencionados en el capítulo anterior consiste en el apoyo prestado al bebé para que desarrolle un sentimiento profundo de pertenencia a una familia; esto se puede conseguir fomentando el sentimiento paternal respecto al niño. Las educadoras deben alentar a los padres a tomar decisiones sobre el cuidado del bebé dentro del programa, analizar con ellos cualquier problema que surja y proponer cambios. Incluso en cuestiones poco importantes, deben acomodarse a los requerimientos de los padres; por ejemplo, si una madre se empeña en que se caliente la comida de su hijo antes de dársela, se debe respetar su deseo, siempre y cuando esto no altere el normal funcionamiento de las tareas.

A veces, y en particular a los padres primerizos, se les debe animar a que tomen decisiones sobre el cuidado del bebé, ya que podrían desear que otra persona más experimentada las tomara por ellos —por ejemplo, cuándo comenzar a darle alimentos sólidos. Las personas que están a cargo del niño le conocen bien y, por lo general, tienen más experiencia que los padres primerizos en cuanto a la atención más conveniente; pero una buena educadora sólo debe sugerir e informar con mucho tacto y cautela, dejando clara la diferencia entre los hechos y las opiniones. De la misma manera, debe evitar mostrarse excesivamente experta en las evaluaciones de las costumbres de los padres. Muchas veces le será difícil abstenerse de dar un consejo no pedido, pero en la mayoría de los casos deberá esperar a que sean los padres quienes abran el camino al diálogo. Por ejemplo, la educadora conoce la opinión de los pediatras acerca de que no es necesario ni adecuado el uso de zapatos en lugares donde los pies del bebé no necesitan protección; a un niño de 6 meses puede quitárselos en el centro y el asunto no es tan grave como para consultarlo con sus padres. Por otra parte, si un pequeño hace varias deposiciones más de las normales, la educadora les puede preguntar con discreción lo que ha comido el niño en casa y darles algunas alternativas si la causa del problema es la dieta.

Se debe fomentar y facilitar la participación directa de los padres siempre que sea factible. Si el centro está cerca de su lugar de trabajo, algunos podrían visitar a sus hijos para darles de comer o jugar con ellos. Deberían existir oportunidades y lugar para hacerlo. Las reuniones para hablar de toda una serie de temas también pueden ser un vehículo de apoyo para padres y educadoras.

Contactos iniciales

Debe fomentarse que los padres visiten y observen los proyectos de los centros, antes de decidir si uno es adecuado para la educación de su bebé. Durante ese tiempo, también tendrán la oportunidad de hablar con las educadoras y plantear las preguntas que crean convenientes. Antes de tomar una decisión afirmativa, las dos partes deben analizar cuáles son sus expectativas. Tienen que quedar claras las normas de higiene, así como el sistema respecto a las enfermedades, seguidos en el centro; también se debe llegar a un acuerdo sobre las horas de llegada y salida, ya que los malentendidos aquí sí pueden crear situaciones tensas entre las dos partes implicadas. Al final de la jornada, las educadoras están cansadas y deseando irse a casa, por lo que no es fácil que reaccionen de una manera amable ante unos padres que llegan tarde a recoger al niño sin una razón justificada. Si se aclaran todas estas cuestiones al principio, se habrán cimentado las bases para una relación agradable, abierta y comprensiva. (Se puede encontrar un ejemplo de una página informativa en el Apéndice A).

Contactos diarios

El intercambio diario de información sobre el bebé constituye una forma importante de colaboración de los padres. Es útil, tanto para la educadora como para éstos, conocer lo referente a las comidas, el sueño, la salud y los estados de ánimo durante el tiempo que no se hallan con él. (En el proyecto de Cornell, se utilizaron dos hojas de información diaria: una cumplimentada por los padres antes de llevar al niño y otra usada en el centro para anotar las actividades individuales de ese día; véase Apéndice A.) Para facilitar la continuidad padres-centro, en el cuidado del bebé, el personal del centro debe hacer un esfuerzo por informarse sobre la educación que el pequeño recibe en casa, preguntando a los padres, y quizá observándoles en su propio domicilio. Es importante, por ejemplo, tener una idea de cómo los padres suelen tranquilizar y mostrar su afecto por el niño. Este tipo de continuidad sólo es posible en cierta medida, ya que los entornos y los cuidadores son diferentes. A veces se puede conseguir un equilibrio en el caso de que los padres mantengan al día al personal educador sobre todo lo que ocurre en el hogar. Por ejemplo, si un bebé está aprendiendo a beber en taza en casa, los padres deberían informar a los responsables de su educación sobre el hecho, para que utilicen el mismo método en el centro y el pequeño encuentre menos dificultades. Es más, al trabajar con familias de ambientes culturales diferentes, es fácil que algunos niños tengan costumbres con las que la educadora no está familiarizada; deberá entenderlas y respetarlas.

Por regla general, la diversidad de atenciones no es perjudicial para el bebé; pero la siesta, las comidas, el uso del chupete, o las prohibiciones, son algunos de los detalles que se deben tratar de igual manera, siempre y cuando las educadoras no vean en el seguimiento de ciertas prácticas claras desventajas para el bebé. Si algunas acciones de este tipo son discutibles, es necesario tratar el tema con los padres. El niño aprenderá de una manera mucho más eficaz si se le enseña con los mismos métodos en casa y en el centro: si un bebé tiene la manía de morder a los demás mientras juega, la educadora tendrá que preguntar a los padres, en el momento adecuado, si hace lo mismo en casa y, en caso afirmativo, qué es lo que hacen para evitarlo. Este es un ejemplo que nos muestra la importancia del equilibrio y comunicación entre las dos partes para enseñar al niño a guiar su propio comportamiento. Mientras que unos padres concretos ven un mordisco como algo que forma parte del juego, los demás niños lo pueden ver de otra manera y, por tanto, es algo que se debe erradicar en el centro educativo. Lo ilustraremos más claramente: una madre pide a la educadora que no coja al niño si llora después de que se le ha echado a dormir la siesta (en especial, si ha dado muestras de cansancio), ya que ella le deja llorar durante quince o veinte minutos en casa. La educadora debe intentar hacerlo, pero lo más importante es que pueda hablar con la madre honesta y abiertamente sobre la efectividad de su estrategia después de probar los resultados.

Para responder a las preguntas y tratar los problemas que surgen, lo mejor es que cada educadora trabaje directamente con los padres de los bebés que tiene a su cargo. Existe la posibilidad de que alguna de ellas no se lleve bien con los padres por diferencias de educación o de personalidad. Este hecho se debe reconocer y solucionar, por ejemplo sustituyendo a la educadora, si es posible, de manera que no afecte a los cuidados del pequeño. La asignación de una educadora a un determinado bebé, se basa, en gran parte, en la habilidad de aquélla para comunicarse con sus padres. (Este tema será tratado en el Capítulo III.)

Otro de los conflictos que suele surgir es el tratamiento adecuado de la inquietud del niño al ser separado de sus padres, a pesar de que conozca y confíe en la educadora. Algunos bebés entre los 9 y los 12 meses tienen dificultades en este aspecto. La educadora tiene que ser consciente del problema y buscar con los padres la mejor manera de solucionarlo. Cuando la separación se dificulta por la indecisión de los padres a la hora de marcharse o por unas despedidas prolongadas, la situación requiere un tratamiento especial por parte del personal del centro. De nuevo, se puede enfocar el problema con mucha mayor efectividad si se sabe qué es lo que sucede en casa.

A veces es precisa una información considerable sobre las circunstancias familiares, para entender las necesidades y el comportamiento del bebé. En este sentido, es esencial que la información obtenida sea confidencial. (Ver Apéndice A-1.)

La cuestión de las visitas a casa —si se deben hacer, quién debe realizarlas, cuál es su propósito—, es algo que debe resolver cada centro por separado, de acuerdo con sus objetivos específicos. La información sobre la vida familiar del niño, los juguetes que tiene, la distribución de las horas de sueño, la relación con otros miembros de la familia o su comportamiento en casa, son datos útiles para hacer un trabajo más efectivo en el centro. Sin embargo, hay que tener mucho cuidado con las visitas; los padres no tienen por qué sentir que están siendo evaluados: una visita debe realizarse de mutuo acuerdo con el fin de intercambiar información, y nunca bajo presión alguna a padres reticentes.

INGRESO Y SALIDA DE UNA ESCUELA INFANTIL

Los niños muy pequeños (menores de 5 meses) no suelen plantear problemas de adaptación, ya que todavía no han desarrollado unos lazos de unión claros ni con personas, ni con entornos particulares. Sin embargo, con los mayores de 5 meses se debe tener cuidado, tanto por parte de los padres, como de las educadoras, para hacerles más llevadera la transición a un nuevo entorno. Si es posible, conviene que vayan al centro con uno de los padres u otro miembro de la familia para pasar un período de tiempo más bien corto, e ir alargándolo gradualmente hasta llegar a la jornada completa. La participación de los padres va disminuyendo conforme el niño y la educadora se van acostumbrando uno a otro. Es fácil que el bebé muestre cambios en su comportamiento ante la nueva situación con su educadora; por ejemplo, un niño de más edad puede que se disguste cuando su madre se marcha y le deja en un lugar relativamente desconocido y es normal que le cueste varios días acostumbrarse.

De igual modo, cuando un niño va a abandonar el centro porque la familia se muda, o por cualquier otra causa, padres y educadoras deben planificar una transición suave. Puede ser beneficiosa la reducción gradual del tiempo de estancia en el centro, siempre y cuando el horario de los padres lo permita. Los preparativos dependerán de las necesidades del bebé y de las circunstancias que rodeen al cambio; pero de cualquier manera, éste es un punto que merece atención (3).

RESPONSABILIDAD DEL CENTRO HACIA LOS PADRES

Si el intercambio informal de datos entre padres y educadora es importante, no lo es menos para un centro de educación infantil en grupo el tener en cuenta sus responsabilidades para con los padres; aquí podemos incluir las implícitas en cualquier acuerdo en el que una persona cuida al niño de otra, así como la posibilidad de servicios opcionales.

Las responsabilidades implícitas en el cuidado del niño por otras personas son las siguientes:

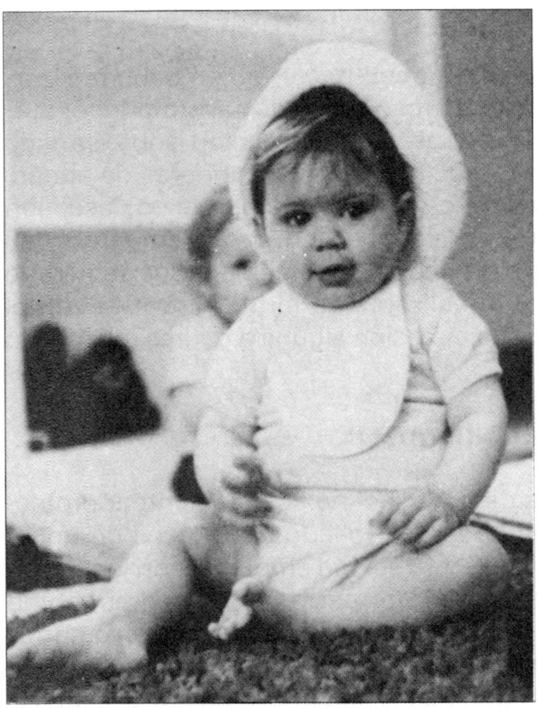

1. La salud, seguridad y bienestar general del bebé es lo primero que la educadora debe tener en cuenta.
2. Las obligaciones de la educadora van *más allá* de la custodia y mantenimiento del niño, siendo esto importante, e incluyen satisfacer sus necesidades sociales y emocionales, y proporcionarle experiencias interesantes de aprendizaje.
3. Los cuidados han de ser equilibrados y fiables; es decir, *no* ha de haber variaciones drásticas de un día para otro. Los cambios principales serán analizados y aceptados por padres y educadoras.
4. La encargada del bebé hará lo posible por obtener información sobre él y sobre la forma en que está acostumbrado a ser tratado en casa. En la medida de lo posible, procurará atenderle de un modo similar, considerando que la situación es diferente y que ella puede tener un estilo distinto al de los padres.

5. La educadora ha de recordar que los padres son los principales responsables de la criatura y que ellos deben tomar las decisiones. Esto es obvio, pero a veces difícil de llevar a la práctica. Cualquiera que viva con un niño durante gran parte del día, está realizando una gran inversión en él. Ya se ha recalcado la importancia de una relación íntima y afectuosa entre el bebé y la educadora, pero ésta debe evitar la competencia por el afecto y la atención del niño con los padres. El pequeño pertenece a los padres y la responsabilidad final es suya, y esto es algo que ella tiene que respetar, aunque a veces sea difícil.

Servicios adicionales para los padres

Una escuela infantil con una buena plantilla y un presupuesto suficiente puede ofrecer servicios adicionales aparte del cuidado de los niños. Y es un lugar idóneo para la difusión de información sobre todos los aspectos de la educación infantil. Cada miembro del personal debe estar al corriente de todos los recursos que la comunidad ofrece para satisfacer las necesidades familiares: asistentes sociales, especialistas en nutrición, médicos, consejeros, etc. Es conveniente organizar reuniones informales con las educadoras, de modo regular. A menudo, los padres o éstas no se reunirán por el simple hecho de que esto sea conveniente, pero si se conciertan encuentros, seguro que tienen temas que tratar en ellos.

Un problema no se puede abordar con una mínima efectividad en casa o en el centro por separado, sino confrontándo los dos ambientes de una manera equilibrada. La educadora tiene la responsabilidad de informar a los padres con discreción de cualquier comportamiento del bebé que pueda plantear un problema y, de común acuerdo, trazar una línea de actuación. No es ni acertado ni conveniente molestar a los padres detallándoles lo que ha hecho el niño durante el día, si éste no ha sido bueno. ¡Contarle cuántas veces ha llorado, ha tirado del pelo a los demás, o le ha quitado un juguete a otro, no ayuda precisamente a crear la atmósfera perfecta para el encuentro de un niño cansado con su fatigada madre, al final del día! Si la madre parece demasiado cansada o de mal humor, la educadora puede decidir limitar sus comentarios a las buenas noticias. Siempre dará la información positiva, los nuevos logros y puntos destacados, siendo más selectiva al presentar los problemas.

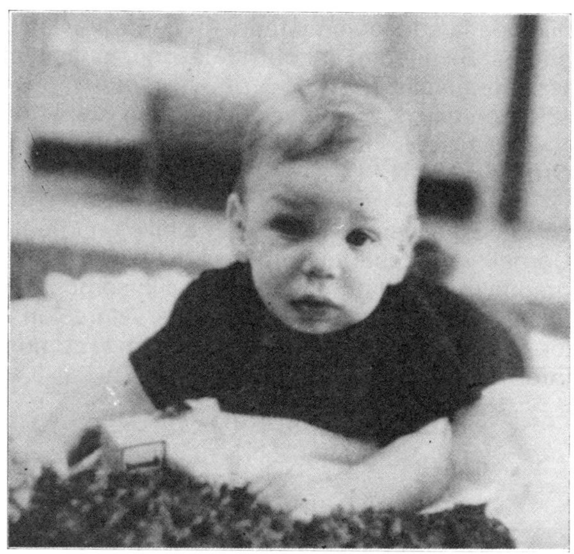

Las reuniones con los padres sirven para muchas cosas a la vez, teniendo una especial importancia la información que se les facilita en una amplia gama de temas, como la nutrición, seguridad de los juguetes, enfermedades comunes, estado actual de las investigaciones en el campo de la puericultura en el centro, problemas de disciplina con los niños y el papel de los padres en la familia. Estos encuentros brindan a la educadora una oportunidad para manifestar su creciente capacidad y conocimientos en su campo, y a ella y a los padres una ocasión de aprender nuevas actitudes y hechos con respecto a la educación del niño. Pero lo más importante del trabajo conjunto de padres y educadoras no se puede anotar en una lista de responsabilidades; esto es, que se establezca una actitud de sinceridad y mutuo interés por el bebé. Las dos partes deben sentirse cómodas compartiendo información que les ayude a entender mejor al niño, a fin de ofrecerle una asistencia más efectiva.

En resumen, un buen centro de educación infantil debe ser familiar y representar el esfuerzo común de padres y educadoras para dar a cada pequeño una buena educación.

Notas:

1. Brazelton, T.B. «Working with the Family» En *The Infants We Care For,* L.L. Dittmann (ed.). Washington, D.C.: National Association for the Education of Young Children, 1973.

2. Un buen ejemplo de proyectos especialmente relacionados con la mejora de la salud y el desarrollo general de los hijos menores de 3 años de familias con unos ingresos bajos, son los *Parent and Child Development Centers,* subvencionados por la *Office of Child Development, Department of Health, Education, and Welfare* (anteriormente subvencionados por la *Office of Economic Opportunity*). Algunos de estos centros llevan a cabo amplias investigaciones y actividades demostrativas a fin de evaluar la efectividad de los proyectos que combinan las experiencias para padres e hijos de la educación infantil en centros y las visitas a casa para la formación de los padres. Se pueden encontrar descripciones recientes de este proyecto en las siguientes referencias:

Pechman, S.M. «Seven Parent and Child Centers.» *Children Today* 1 (1972): 28-31.

Work, H.H. «Parent-Child Centers: A Working Reappraisal.» *American Journal of Orthopsychiatry* 42 (1972): 582-595.

3. En el verano de 1972, se hizo un intento en el centro de educación infantil de Cornell, de «destetar» a bebés del centro de una manera sistemática, disminuyendo gradualmente el número de días a la semana, o el número de horas al día, que el niño pasaba allí. Los padres hacían una valoración informal con sus opiniones respecto a los efectos que el sistema producía en el comportamiento de sus hijos. Existe un breve informe de los autores de este libro.

CAPÍTULO III

Organización del centro y del personal

Vamos a dirigir seguidamente nuestra atención a una serie de consideraciones generales, adicionales al trabajo con las familias, que afectan al funcionamiento total del centro y a las actividades diarias de las educadoras. Estas cuestiones van referidas directa o indirectamente al cuidado individualizado; a la confección de un proyecto de grupo basado en la atención esmerada de cada bebé. Se tratarán cuatro aspectos: la asignación de educadores a los bebés, la relación apropiada entre ambos, el tamaño óptimo del grupo y la distribución por edades en el mismo.

ASIGNACIÓN DE EDUCADORAS A LOS BEBÉS

El que la educadora se asigne a sí misma la responsabilidad de los bebés que va a cuidar, sirve para muchos propósitos (1). Al principio de un proyecto, esto hace que, en cierto modo, cada una de ellas reduzca su ámbito y se pueda centrar en llegar a conocer a un número pequeño de niños más que al grupo entero. Como educadora principal de un determinado bebé, es la encargada de hablar con los padres al comienzo y al final de cada día, de darle de comer y es muy posible que sea la persona más importante en la interacción con el pequeño. Esta situación, no sólo facilita que se convierta en una «experta» en ese bebé, sino que también ayudará a éste a adaptarse a su nueva situación. El niño aprende a esperar ciertos tipos de respuestas a sus acciones y se acostumbra a un nuevo estilo de ser atendido. En resumen, el pequeño aprende con más facilidad a conocer el mundo que le rodea si éste es predecible y consistente. Acostumbrarse a una sola nueva educadora es mucho más fácil que tener que hacerlo con dos o tres a la vez. Pero la planificación debe ser flexible; es importante que el bebé conozca a todas las demás y confíe en ellas, porque su educadora principal no estará siempre libre y, en realidad, todas llegarán, con el tiempo, a atender a todos los bebés. Si, por ejemplo, es necesario mecer a un niño, cualquiera que esté libre puede hacerlo. Sin embargo, siempre que haya posibilidad de elección y, sobre todo, cuando el pequeño es nuevo en el centro, debe ser atendido por la educadora que le tiene a su cargo. Bastante después de que el niño se sienta a gusto con todas ellas y de que éstas conozcan bien a todos los bebés, surgirá el sentimiento de autoridad de la educadora sobre uno de ellos; es en ese momento cuando ella sabe que es la persona, en el centro, que mejor conoce a ese niño y que, en cierta manera, le «pertenece». Además, hay bebés que siempre muestran preferencia por su educadora principal.

Ellas mismas deben decidir qué niños quieren tener bajo su custodia. La decisión debe basarse en las compatibilidades entre ellas, el pequeño y sus padres, y el nivel de dificultad de su cuidado. Si hay varios en un mismo grupo que necesitan mucho tiempo de atención, deben ser asignados a diferentes educadoras.

El desarrollo de una relación especial entre educadoras y bebés va a ser recalcado a lo largo de todo el libro. Éstas deben prestar atención a dos puntos relacionados con el tema: la posibilidad de un apego excesivo y de una atención especial a los predilectos. Es fácil suponer que ciertos pequeños y educadoras se atraerán mutuamente debido a la concordancia de sus personalidades y estilos. Cada una de ellas tiene un modo y un ritmo para sus relaciones y los niños pueden tener sus preferencias. Algunos de ellos reaccionarán con entusiasmo ante un estilo intenso y enérgico, con mucho movimiento y conversación, mientras que otros prefieren un tipo de trato más tranquilo, despreocupado y suave; la educadora debe aceptar con objetividad el hecho de que algunos niños reaccionen más favorablemente ante ella que otros.

Puede que se encariñen con ciertos pequeños y se sientan halagadas ante el afecto que les muestran, pero deben tener siempre en mente que lo principal es el interés del niño y su desarrollo saludable. No es recomendable que un bebé se sienta vinculado en exceso, o incluso dependiente, de un solo miembro de la plantilla, de manera que no esté contento cuando se hallen separados. Se debe fomentar la confianza en uno mismo y en los demás, y esto se consigue con la relación que el niño debe tener con más de un adulto.

Por lo que respecta a las educadoras que tienen «preferidos», es inevitable que, a veces, ciertos bebés sean más atractivos que otros. Por suerte, distintos adultos se sienten interesados por diferentes características de los bebés y éstos cambian con el tiempo, de manera que el que reacciona con entusiasmo y es encantador en un momento dado, puede variar en unas semanas. Algunos niños son, por regla general, más activos, extravertidos y sensibles que otros y pronto se convierten en las «estrellas» del grupo. Tener preferidos es inevitable; la mejor manera de afrontarlo es darse cuenta del problema y tratar de evitarlo buscando cualidades especiales en los más tranquilos y menos entusiastas.

PROPORCIÓN ENTRE EDUCADORAS Y BEBÉS

Muchos organismos estatales que conceden las licencias de apertura para centros de educación infantil especifican la proporción que debe existir entre educadoras y bebés. Esta es otra área donde las recomendaciones dependen de un número de factores que varía según los diversos centros; por otro lado, pueden no ser posibles las adaptaciones perfectas. Por regla general, una educadora para cuatro niños, comprendidos entre los 2 y los 12 ó 14 meses, es suficiente, siempre que pueda contar con ayuda extra en los momentos de más ajetreo, que puede venir de los padres, algún voluntario, o de una educadora «flotante» pero, de cualquier manera, debe ser alguien que conozca a los pequeños y con quien ellos estén ya familiarizados. Después de organizar un buen horario, es posible predecir cuándo se va a necesitar la ayuda; es muy probable que esto suceda en las horas de las comidas y hacia el mediodía. Esta ayuda puede consistir simplemente en coger en brazos y mecer a un niño que está nervioso, preparar las comidas o jugar. Especialmente en un grupo con varios niños muy pequeños, una educadora para cuatro bebés no es suficiente sin una ayuda adicional.

La experiencia del proyecto de Cornell, nos llevó a la conclusión de que la mejor situación es una proporción de tres bebés para cada educadora; las del centro de Cornell afirmaban que había un período aproximado de 3 meses, de los 7 a los 10 meses de edad, en el que podían hacerse cargo de cuatro sin ningún agobio. Los bebés más pequeños necesitan estar en brazos más tiempo y un contacto directo mayor, que no permite la relación una para cuatro. De igual manera, los mayores (cerca de 1 año) comienzan a estar preparados para experiencias lúdicas que a menudo requieren mayor control y la ayuda de un adulto, recomendándose de nuevo una educadora para cada tres pequeños.

Los responsables de los centros han de ser muy cautos a la hora de confiar en los voluntarios para mejorar la proporción educadoras-bebés. Mientras que trabajar con un número reducido de voluntarios puede ser provechoso para perfeccionar la calidad del programa, incluir a demasiada gente que no conoce a los niños, ni éstos a ellos, puede ser una experiencia desagradable para todos. Ya se ha subrayado antes lo importante que es que las personas que cuidan a los pequeños gocen de toda su confianza. Las ventajas de tener gente extra para ayudar, deben ser contrapuestas con la importancia de tener a pocas personas dedicadas al cuidado de los bebés.

TAMAÑO ÓPTIMO DEL GRUPO

Una vez tomada la decisión de que la situación ideal es aquella en que cada educadora asume la principal responsabilidad sobre tres bebés, todavía queda la cuestión del número más adecuado de profesionales y niños que deben constituir un grupo. En algunos casos, el espacio físico disponible, cómo está dividido y la edad y número de pequeños determinan el tamaño del grupo; no obstante, hay otros factores que son de igual importancia.

Dos situaciones extremas nos proporcionan un contexto para reflexionar sobre el tamaño del grupo.

A) El centro A está situado en una casa grande y antigua con cinco dormitorios pequeños en el piso de arriba. El grupo, que consta de quince niños, está dividido en cinco conjuntos de tres, cada uno con su educadora y equipamiento y funcionando con autonomía en una de las cinco habitaciones.

B) El centro B está alojado en el edificio de un colegio. Como hay veintiún bebés inscritos en el centro, al proyecto de educación infantil se le ha cedido el gimnasio; están contratadas siete educadoras.

Sin una reorganización espacial sustancial, ninguna de estas dos situaciones tiene potencial suficiente para convertirse en el tipo de proyecto descrito en nuestras directrices, por los motivos que vamos a exponer.

Por encima de la relación individual con el bebé, una educadora debe considerarse responsable del grupo por entero y darse cuenta de todo lo que está pasando en la habitación, incluso cuando haya otra compañera en la sala. Nunca se debe dedicar por completo a una actividad que la haga perder de vista la atmósfera general y lo que hace cada niño. El tono general de la habitación, el nivel de ruidos, la cantidad de juguetes tirados por el suelo, el número de adultos presentes y el grado de confusión u orden, pueden tener un gran efecto en el bienestar de cada niño. Por estas razones, no se recomiendan grupos numerosos, ni siquiera con un número adecuado de educadoras y el espacio necesario, como es el caso del centro B. Las probabilidades de una atmósfera ruidosa, desorganizada y confusa aumentan con el tamaño del grupo.

Ya dijimos antes que, aunque las educadoras se asignan ellas mismas una responsabilidad especial hacia determinados bebés, en realidad comparten e cuidado de todos los niños del grupo. Para atender a cada uno de ellos con eficacia y sensibilidad, la educadora debe conocerlos muy bien a todos; y es muy dudoso que pueda llegar a conseguirlo con veintiún niños. De la misma manera y desde el punto de vista del pequeño, llegar a familiarizarse con siete adultos y acostumbrarse a sus formas de atenderle sería sumamente difícil y retrasaría su adaptación a la nueva situación.

Por otra parte, al contrario que la situación descrita en el centro A, el mínimo recomendado para un grupo sería de cinco a ocho niños, con dos educadoras. Los adultos al cuidado de los niños necesitan otras personas con las que hablar, compartir logros y frustraciones si quieren hacer un buen trabajo. Para mantener el entusiasmo y el interés en la tarea, es mucho más fácil trabajar con alguien. Además, si hay una sola persona al cuidado de un grupo, por muy pequeño que sea, no podrá abandonar la habitación con facilidad, lo que no es una situación factible. Por tanto, no se recomienda que un grupo de ocho bebés y dos educadoras, por ejemplo, se divida en dos de cuatro niños con una responsable cada uno.

Nuestra experiencia en Cornell nos muestra que un grupo de ocho a diez niños con edades comprendidas entre las 8 semanas y el año, es el número máximo que una plantilla de educadoras puede llegar a conocer bien. Diez pequeños requerirían un máximo de tres educadoras para llegar a familiarizarse con efectividad. Un grupo más reducido tiene la ventaja de que los niños pueden llegar a conocerse unos a otros más fácilmente, si el grupo tiene más de diez bebés se debe dividir en varios conjuntos más pequeños e independientes.

DISTRIBUCIÓN POR EDADES EN EL GRUPO

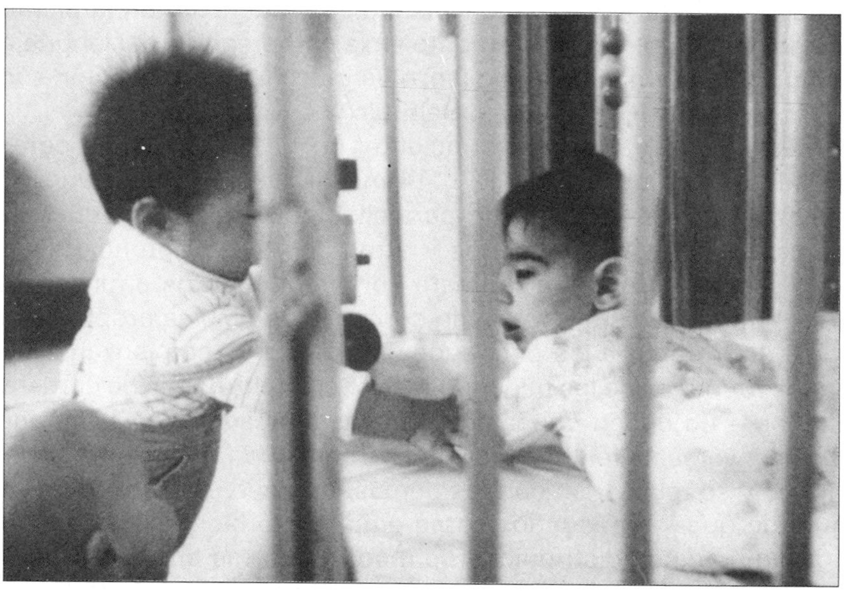

Al incluir bebés de diferentes edades en un grupo, también estamos proporcionando variación a las relaciones y responsabilidades de la educadora y damos al niño la posibilidad de descubrir nuevas habilidades de los demás. Por esta razón, no es recomendable dividir un grupo en otros más pequeños basándose en la edad o en sus capacidades (por ejemplo, los que pueden estar sentados, los que gatean y los que andan), aunque la organización del personal, la extensión del programa, el equipo y el espacio lo permitan.

Las directrices para agrupar niños de diferentes edades no pueden ser rígidas sino que dependen de la combinación de las facultades necesarias para la función efectiva en un proyecto diseñado para un determinado grupo. Los bebés alcanzan estas facultades a diferentes edades, por lo que no se debe utilizar sólo la edad ni una habilidad concreta —andar, por ejemplo— como criterio para trasladarlos de un grupo a otro; es mucho más conveniente tener en cuenta el desarrollo general del niño y su buena disposición para cierto tipo de experiencias. En caso de que los pequeños tengan una amplia gama de intereses y habilidades, es imposible planificar un solo proyecto que satisfaga todas sus necesidades.

En muchos de estos proyectos se hace una distinción fundamental entre *bebés* menores de 15 ó 18 meses (*infants*) y niños desde 18 meses hasta los 3 años (*toddlers*). Este criterio es válido, ya que alrededor de los 18 meses hay cambios muy importantes en ciertas áreas; por ejemplo, la producción del lenguaje se incrementa muy deprisa y el aumento de la movilidad se consigue fácilmente.

Con todo, la experiencia del centro de educación infantil de Cornell sugiere que, en la gama de edades a que se refiere este libro (entre 2 y 15 meses), se agrupe por separado a los niños menores de 12 meses del resto. Alrededor del primer año se producen diversos cambios en el desarrollo, que tienen consecuencias en las diferentes experiencias lúdicas y también en la planificación del proyecto completo: gran incremento en la comprensión del lenguaje, movilidad, mayor auto-afirmación y comienzo de una verdadera relación social con los compañeros, por ejemplo. (Ver Capítulo V.)

Si el centro posee personal suficiente, un grupo de bebés con edades comprendidas entre los 2 y los 12 ó 14 meses puede ofrecer una situación muy agradable e interesante, tanto para ellos como para las educadoras. Es posible incluir bebés muy pequeños y otros que están aprendiendo a andar en un solo grupo; sin embargo, si éste comprende juntos a niños pequeños y mayores, habrá que estar prevenido contra tres posibles problemas interrelacionados: 1) proteger a los pequeños de los que ya comienzan a andar; 2) los cuidados rutinarios de los pequeños —por ejemplo, darles de comer y tenerlos en brazos— no deben quitar tiempo a las educadoras para atender a los otros; 3) a la inversa, la relativa facilidad e interés con que los mayores disfrutan del juego y se relacionan con los demás, no debe evitar que la educadora se asegure de que los pequeños están empleando bien su tiempo. Mientras que un grupo de niños distribuidos de modo uniforme entre las edades de 2 y 12 meses es una situación llevadera, si otro tiene dos núcleos, uno de muy pequeños (de 2 a 4 meses) y otro de mayores (de 10 a 12 meses), es natural dividirlo en dos subgrupos durante algunas horas, debido a la diferencia de horarios y necesidades.

Notas

1. Muchas de las sugerencias de este capítulo provienen de nuestra preocupación antes mencionada (Principio 2, Capítulo Primero), por el número reducido de los adultos responsables de la educación infantil y por la estabilidad y continuidad suficientes, para que los bebés puedan reconocer a su educadora en seguida y desarrollar los sentimientos apropiados de confianza y afecto hacia ella. Las dos referencias que se citan a continuación muestran los resultados de un prolongado estudio de 1971-72, sobre los cambios en la reacciones de nuestros niños frente a sus educadoras y a extraños en el período comprendido entre los 3 y los 12 meses de edad. Estas investigaciones demuestran con toda claridad que las familiares educadoras del centro juegan un importante papel a la hora de facilitar la separación diaria de los niños de su casa, y les ayudan a enfrentarse con las clásicas situaciones de temor; en resumen, las educadoras conocidas se convierten en una importante figura de vínculo alternativo para el bebé.

Ricciuti, H.N. «Fear and the Development of Social Attachments in the First Year of Life». En *Origins of Human Behavior: Fear,* M. Lewis y L. Rosenblum (Eds.). Nueva York: John Wiley and Sons, 1974.

Este informe técnico incluye los resultados de varios estudios piloto sobre la influencia de experiencias en la educación durante el primer año de vida, sobre las respuestas del niño a situaciones sociales nuevas con breves separaciones de la madre.

Ricciuti, H.N. y Poresky, R.H. «Development of Attachment to Caregivers in an Infant Nursery during the First Year of Life». Trabajo presentado en la reunión de la Society for Research in Child Development, Marzo 1973, Philadelphia, Pa.

Este es un informe más breve y menos técnico sobre el apego del niño hacia las educadoras.

Un buen análisis del tema más general del desarrollo de los vínculos sociales entre el niño y su madre, además de una consideración sobre las consecuencias para las normas y los usos sociales, puede verse en el siguiente trabajo:

Ainsworth, M.D.S. «The Development of Infant-Mother Attachment». En *Review of Child Development Research, Vol. 3. Child Development and Social Policy,* B.M. Caldwell y H.N. Ricciuti (Eds). Chicago: University of Chicago Press, 1973.

CAPÍTULO IV

El proyecto educativo de centro: el día de una educadora

A continuación, vamos a hacer unas consideraciones detalladas sobre los aspectos específicos de las prácticas correctas de educación infantil, vistas desde la perspectiva de lo que sucede en el centro, cómo ocurre y, hasta cierto punto, por qué acontece. Con toda certeza, es mucho más fácil enumerar los principios que asegurarse de que se cumplan. Este capítulo y los tres siguientes representan una traslación de la filosofía y los principios que tienen lugar cada día en el centro de educación infantil. Una breve visión de conjunto de una jornada en uno de estos centros desde la perspectiva de la educadora, ofrece un contexto introductorio para un análisis posterior y más detallado de áreas específicas del cuidado del bebé (1). La siguiente descripción, al igual que los demás ejemplos del libro, ha sido en su mayor parte tomada de las relaciones entre pequeños y educadoras en el proyecto de la escuela infantil de Cornell.

El día de una educadora comienza antes de que los bebés lleguen. Para entonces, ya deben estar preparados los pañales y las comidas de la mañana; la educadora ayuda a la encargada de poner la ropa de las cunas; estarán dispuestos los juguetes preferidos y también se habrá sacado alguno nuevo.

Según va llegando cada niño con sus padres les saluda afectuosamente, recibe la hoja de información diaria y charla con los padres. Los temas pueden ir desde algo interesante que el niño hizo el día anterior, pasando por el hecho de que se despertara tres veces por la noche, qué hay que darle de comer, hasta el juguete que parece gustarle más en ese momento. Cuando los padres se van, habla o juega un poco con él, le pone en el suelo y le enseña un juguete para que empiece a jugar solo, ya que debe quedar libre para recibir a los que vayan llegando, siguiendo más o menos los mismos pasos.

En el momento en que haya una pausa, lo primero que hay que hacer es cambiarles los pañales. Si nota en un niño un pequeño trastorno digestivo, la educadora consultará con su compañera y pueden determinar que se trata de la reacción a un alimento nuevo. Escribe una nota para recordar mencionárselo a los padres. Partiendo de la base del informe de éstos, el horario habitual del niño y su comportamiento, la educadora decidirá que un pequeño probablemente puede estar jugando contento un rato; que éste ya está listo para dormir, mientras que aquél podría tomarse un zumo antes, y que un cuarto, que no ha desayunado, se sentirá mucho mejor después de tomar unos cereales y algo de fruta. Las educadoras rara vez tienen la suerte de estar haciendo una sola cosa al mismo tiempo; esto no quiere decir que un bebé nunca consiga su completa atención, para él es muy importante que esto ocurra en algún momento todos los días. Lo que queremos decir es que, mientras realizan una cosa, deben tener controlado qué es lo que hacen todos los demás niños a su cargo. Anticiparse al aburrimiento o a la frustración, proporciona la posibilidad de evitarlos.

La educadora se da cuenta de que hay dos niños en el suelo que quieren jugar con el mismo juguete, pero por separado. Se sienta entre ellos, le da a uno otro distinto y juegan juntos un rato, luego pone al que tiene sueño en la cama boca abajo y le da golpecitos en la espalda, ya que esa es la manera en que dijo su madre que se dormía en casa. Cuando se queda tranquilo, prepara la fruta y los cereales y coloca a un niño algo mayor en la mesita de comer. Mientras coge a uno en brazos y le da los cereales, se sienta junto a otro que está aprendiendo a beber el zumo, en una taza con tapa y pitorro, para alentarle y ayudarle. De cuando en cuando, habla y sonríe al que está entretenido jugando en el suelo.

Si advierte que unos niños están molestando a otro, la educadora deja solo al que está en la mesa después de que se haya terminado el zumo, para que pueda jugar tranquilamente, le trae una caja con algunos cubos y le anima a que los coja, mostrándole cómo ponerlos juntos. Anota en la hoja de información para los padres lo que comieron.

Ahora ya puede jugar con los bebés. Sienta a los dos niños en el suelo cerca el uno del otro, poniendo a uno boca abajo, y al que acaba de comer en una sillita; luego coge una pelota con un pito dentro, la levanta en el aire, la aprieta para llamar su atención y la deja caer moviendo la mano. Los mayores la buscan alrededor y ella les deja que la encuentren por casualidad; cuando uno de ellos la ve, ambos —educadora y niño— se ríen por este éxito. Se continúa así durante un buen rato, con muchas variantes —por ejemplo, cubriendo la pelota con una manta y dejando que el niño la destape o sujetándola enfrente del más pequeño, animándole a que la coja. El juego también puede ser atrayente durante las comidas. La educadora se da cuenta de que uno de ellos quiere marcharse y le pregunta, «¿quieres salir?», reforzando «salir», y antes de que extienda los brazos para cogerle, él ya los está agitando. Este niño ha comenzado a gatear hace poco y su único interés consiste en practicarlo; ella lo sabe y aprecia que se pueda mover mejor ahora que alguno de los otros está durmiendo. Lo normal es que ya no tenga la posibilidad de retener a ese niño en brazos más que unos minutos, pero lo debe entender y no forzarle; de todos modos, le gusta que le hablen, así que la educadora lo hará en repetidas ocasiones a lo largo del día.

Uno de los bebés que se encuentra en el suelo se está poniendo nervioso, frotándose los ojos sin hacer caso de los juguetes que tiene a su alrededor; la educadora le coge y le sienta en la mecedora mientras le canta. Cuando está más relajado y casi dormido, le echa en la cuna. Al regresar a la sala donde están jugando los demás, ve que otro niño del suelo está intentando moverse, esforzándose por coger un juguete que está fuera de su alcance, sin conseguirlo; observa un momento y le ayuda dando un empujoncito al juguete. Cuando el pequeño lo alcanza le aplaude y le elogia. Intentan que se mueva durante un ratito, pero el niño se cansa, así que coge un libro de la estantería, pone al bebé en su regazo y «leen» juntos. Le señala los dibujos, diciéndole algo de cada uno y dejando que sea él quien pase las páginas. Mientras tanto, su biberón se está calentando. Llama al que va a gatas, que está intentando ponerse de pie agarrándose al paquete de los pañales; hace caso omiso de la educadora y sigue a lo suyo, así que ésta se levanta, vuelve a poner en el suelo al que tenía en brazos, cambia de sitio al otro bebé y pone el paquete de los pañales en un lugar más seguro. Coloca al que estaba gateando en el tacatá, porque sabe que le gusta. El biberón está templado y se lo da en la mecedora; no lo quiere, y lo demuestra escandalosamente. Lo intenta varias veces más sin éxito, aparta el biberón, le coge de manera que le pueda ver la cara y le habla con dulzura. De momento se calla, pero empieza a llorar otra vez cuando le echa en la cuna. Se va, pensando que se callará él solo, pero, después de 5 minutos, continúa llorando; le lleva de nuevo a la sala donde están los demás. Empieza a jugar con entusiasmo y deja de llorar ¡Tanto puede costar una siesta!

Si hay suerte, la educadora tendrá tiempo para tomarse un respiro cuando la mayoría de los bebés estén durmiendo. Al menos, podrá relajarse y charlar con sus compañeras. Cuando se despierten, algunos querrán comer en seguida y el cambio de pañales se les hará eterno; por el contrario, otros se sentirán contentos de jugar un rato y esperar su turno. La hora de la comida es una de las mejores del día. La educadora debe mostrarse entonces relajada, tomarse tiempo para hablar con el niño y dejarle que ayude si así lo desea. Algunos días puede que tenga que dar de comer a dos a la vez y esto puede hacerse de una forma agradable para todos. Hoy, por el contrario, podrá darle a cada uno por separado, al tener todo preparado, incluso los guisantes que la madre de un pequeño le pidió que incluyera por primera vez en su menú. Lleva una cuchara de más y un trapo húmedo, por si el niño quiere ayudar igual que el día anterior. Tiene que haber una gran comunicación durante la comida. La educadora acompaña la mano del bebé a llevar la cuchara al plato y después a la boca. Mucha comida acaba fuera de la mesa, pero no importa. Una limpieza rápida y el niño está otra vez preparado para jugar.

Así transcurre el día de una educadora. Se toma un buen descanso a mediodía para comer y relajarse de su agotadora tarea. Por la tarde las actividades son similares a las de la mañana, excepto que los pequeños suelen estar más irritables y nerviosos porque ya no se encuentran tan frescos. Al final del día, habla con los padres de nuevo, diciéndoles lo que ha hecho su hijo, de manera que lo comentado incremente su predisposición a estar con su bebé. La educadora debe darse cuenta de que el momento de la salida al final de la jornada, cuando tanto los padres como los niños están cansados, a veces es perturbadora y por eso debe intentar mantener a los pequeños ocupados y relajados mientras esperan. Es difícil recordar al final de un día ajetreado que por la mañana uno de los bebés logró aplaudir con las dos manos por primera vez, o que otro hizo su trabajo mucho más llevadero esperando con paciencia su comida, mientras los demás se mostraban impacientes. Pero ellas saben que estas anécdotas son tan importantes para los padres como la información sobre las comidas o las horas de sueño. Deben hacer un esfuerzo por recordar algo especial que el niño hizo para contárselo a los padres todos los días. La actitud de la educadora respecto al pequeño, puede ayudar a un padre cansado a disfrutar con su fatigado hijo. Después de despedirse de todos sus niños, ordena la habitación, preparándola para el día siguiente.

Este informe, aunque simplificado, representa un día *bueno* en un centro educativo, pero no todos son así. El proyecto se define en su esencia por la manera que las educadoras tienen de afrontar estos problemas cotidianos. En los siguientes capítulos, los principios de un buen cuidado se intercalarán con los detalles concretos de cómo llevarlo a la práctica diariamente.

Notas

1. Una buena visión de conjunto de los objetivos diarios de una educadora se puede ver en:

Huntington, D.S.; Provence, S.; y Parker, R.K. *Day Care 2: Serving Infants.* Washington, D.C.: U.S. Government Printing Office, 1971 [DHEW Publicación N.° (OCD) 72-8]. Véanse págs. 41-47.

CAPÍTULO V

Juego y aprendizaje

En el primer borrador de este libro, este capítulo tenía el título de «Tiempo de juego». Pero la connotación de que ese tiempo sea una parte perfectamente diferenciada del día en un proyecto, como lo puedan ser los períodos destinados a la alimentación o al sueño, es errónea. Al contrario, el juego, el aprendizaje y la exploración están entremezclados en el todo que es la experiencia del bebé; por eso, la práctica totalidad de los capítulos de este libro están relacionados con el juego. Éste trata sobre todo de las actividades de los pequeños, excluyendo las que consideramos rutinarias (alimentación, cambio de pañales, o de ropa, la siesta), resaltando especialmente el papel que la educadora tiene en el aprendizaje, exploración y juego del niño. La definición de juego en el primer año de vida es amplia, ya que abarca una extensa gama de contactos con el mundo físico y social. Como se analiza en este libro, el juego incluye cualquier relación espontánea agradable con objetos o personas. Juego puede ser casi todo: intentar subirse a una mecedora, explorar la sillita de otro bebé, arrastrarse sobre una colchoneta, observar lo que sucede en la habitación, golpear un bote con una cuchara, tocar los dedos de los pies de otro bebé, sonreir a una educadora, aplaudir; la lista podría ser interminable.

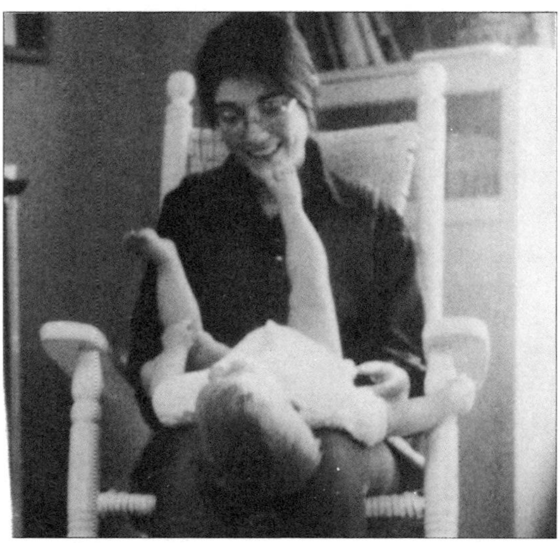

Una de las características principales del juego a cualquier edad es que, en gran parte, debe ser activo, aunque es necesario recordar que los niños, al igual que los adultos, también pueden aprender observando y escuchando. La calidad de las primeras experiencias lúdicas, incluyendo la exploración activa con manos y pies, y la visual (más pasiva), es de una importancia vital para el bienestar y el desarrollo posterior del bebé, ya que las habilidades más avanzadas y complejas se construyen a partir de estas primarias. Las experiencias lúdicas en el primer año cimentan las bases para el desarrollo de la curiosidad por el mundo y la actitud positiva hacia los demás. Los comienzos de un sentimiento de dominio y confianza en sí mismo también provienen de estas experiencias y son los objetivos del juego en este primer año de vida (1).

Hay muchas maneras de clasificar las experiencias lúdicas y la mayoría de ellas son bastante artificiales, ya que aislan los componentes del juego que en realidad ocurren simultáneamente. Los siguientes ejemplos de actividades muestran algunas de estas categorías e incluyen juegos activos y pasivos, al aire libre o en espacios cerrados.

1. *Interacción*: Sentarse con la educadora, observando su cara mientras habla o canta; charlar con los adultos, mirar y sonreir a otro bebé que está al lado, jugar a «toma-dame» con la educadora u otro niño, comunicarse por señas o balbuceos.
2. *Actividades de lenguaje*: Escuchar a la educadora, balbucear y susurrar, decir series de «pa-pa-pa», emparejar una palabra con el objeto a que pertenece (cogiendo la pelota de la estantería cuando la educadora dice, «¿dónde está la pelota?»).
3. *Actividades perceptivo-cognitivas*: Buscar un objeto que falta, explorar la habitación, oir el viento de fuera, buscar un sonajero que se ha caído, «leer» un libro con la educadora, poner una figura en el agujero adecuado del tablero, escuchar los pájaros.
4. *Actividades de la motricidad gruesa:* Gatear, andar, aprender a sentarse, trepar, perseguir o ser perseguido por otro bebé.
5. *Actividades de la motricidad fina:* Alcanzar y coger objetos pequeños, jugar a «palmas, palmitas» con la educadora, hacer construcciones con los bloques, echar cosas en un recipiente.

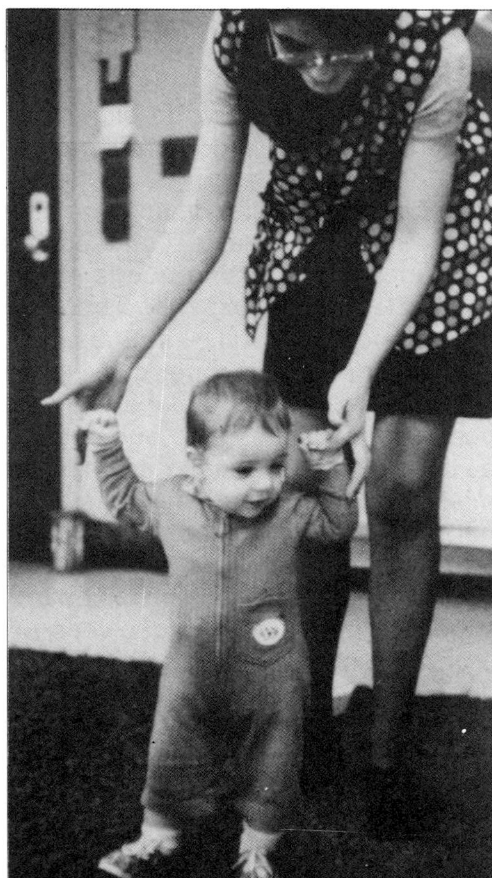

El juego social, o la oportunidad de relacionarse agradablemente con adultos de maneras diferentes, es el tipo de juego más importante, porque el bebé puede así aprender que las demás personas son dignas de confianza, divertidas e interesantes. Ni siquiera los juguetes más coloristas, educativos y entretenidos pueden enriquecer por sí mismos la experiencia del niño tanto como el trato con otras personas. *Se debe evitar el uso de materiales de juego como sustitutos de la interacción social, aunque es importante que los pequeños aprendan a ser independientes, a sentirse cómodos examinando el mundo por sí mismos.* Materiales de juego interesantes y elegidos a conciencia, pueden fomentar las relaciones con otras personas y facilitar a la vez situaciones para que el niño explore y aprenda por sí mismo. De esta manera, la educadora trabaja en dos frentes: el más importante es que se relaciona directamente con el bebé, iniciando el juego y respondiendo a sus propuestas y, en segundo lugar, predispone el entorno físico en el que el bebé juega, proporcionándole oportunidades para explorar y descubrir por sí mismo.

A continuación de esta sección introductoria, se pueden encontrar análisis de varias directrices generales relacionadas con el juego. Después se hace hincapié en estudios más detallados de juegos sociales, incluyendo bebés y adultos juntos, materiales y unas breves consideraciones sobre el juego entre los propios niños.

JUEGO Y APRENDIZAJE COMO EXPERIENCIAS NATURALES

El niño de cualquier edad traspone al juego ciertas aptitudes, intereses y una enorme curiosidad sobre el mundo. Aquellas personas que planifican y participan en estas experiencias lúdicas, ya sean padres, o educadoras, deben tener presente la necesidad de alimentar estos intereses y aptitudes existentes, fomentando ante todo los juegos naturales y espontáneos. Este enfoque es preferible a centrarse en actividades o ejercicios programados con anterioridad, con el propósito de acelerar el desarrollo normal. No queremos decir con esto que se deba dejar al niño solo para que busque en el juego las experiencias que necesita; sino que la educadora debe fomentar el juego como una parte integral de la experiencia diaria del bebé, apareciendo siempre como algo espontáneo y natural en interacción con el mundo que le rodea. No es necesario, por ejemplo, disponer de muchos ejercicios especiales para facilitar a los niños más pequeños experiencia en la visión de objetos desde diferentes perspectivas, porque es algo que sucede con frecuencia en el transcurso natural de cada día. Por otro lado, es importante estar atentos a la capacidad de seguimiento visual de los bebés más pequeños, con el fin de darles oportunidades para practicarla. Los intereses de los niños deben determinar las actividades que se van a realizar, mucho más que cualquier lista previamente confeccionada; a veces, parecen obsesionarse con un determinado tipo de juego, por lo general uno que tenga que ver con una aptitud motriz naciente. Por ejemplo, a un niño que está aprendiendo a gatear, sólo le interesa ese juego durante días y días. No se le debe disuadir de su empeño, ni siquiera con el juguete más atractivo; al contrario, se le debe dejar en total libertad.

La mejor manera de sensibilizar a los adultos para jugar con los niños, es ofrecerles unas directrices generales y útiles, con ejemplos muy específicos de actividades apropiadas para cada edad, con información sobre el desarrollo en los 12 primeros meses de vida, ayudándoles a conocer los estilos, intereses y habilidades individuales de cada niño. Parte de nuestra definición de juego es que debe ser algo divertido y, para cumplir este requisito, el interés se debe centrar más en el bebé que en la actividad misma. *El problema de los* curricula *estructurados formales es que a veces dan más importancia a las actividades que a los niños.* Con frecuencia, no tienen en cuenta las diferencias individuales en las aptitudes e intereses de los pequeños de la misma edad. No es que sea erróneo, en esencia, planificar ciertas actividades, pero, más que una lista, hace falta tener un buen proyecto. El concepto de *curriculum* de WEIKART Y LAMBIE es muy similar al nuestro. Según ellos, el propósito de un *curriculum* consiste en proporcionar a profesores, educadoras o padres, una base lógica para hacer lo que tienen que hacer con los niños. En este sentido, un *curriculum* es un compendio de opiniones respecto a la naturaleza del niño, cómo es su desarrollo en el primer año y la manera de ayudarle (2). Los 12 principios que forman el núcleo de este libro representan la base de nuestro *curriculum.*

DESARROLLO NORMAL Y DIFERENCIAS INDIVIDUALES

El supuesto implícito en este análisis sobre el juego es que la educadora posee algún conocimiento de la evolución del bebé en el primer año y, por tanto, tiene una idea de los tipos de experiencias lúdicas apropiadas en los diferentes niveles de desarrollo (3). Es de gran importancia que la educadora sepa la secuencia normal de cambios evolutivos, si quiere darse cuenta de las aptitudes que van surgiendo en el bebé (Apéndice B). También es esencial que se amolde a las diferencias individuales en cuanto a intereses, aptitudes y estilos de juego entre niños de la misma edad (4).

No es necesario mencionar que durante el primer año ocurren muchos cambios en las relaciones del pequeño con lo que le rodea. La educadora debe adaptarse a esos cambios, seleccionando los materiales de juego y relacionándose con él. Puede que un niño disfrute y aprenda sentado en un sitio desde donde ve todo lo que sucede en la habitación. Mucho antes de que comience a moverse por sí mismo —incluso antes de que utilice las manos para alcanzar y agarrar— examina todo, escuchando y observando, y una buena posición facilita seguir a la gente con la vista y asociar los sonidos con su procedencia. Una educadora atenta se asegurará de colocar a un niño de 2 ó 3 meses en un lugar así la mayor parte del tiempo.

Por lo general, cuanto mayor es un bebé, más fácil es saber cómo jugar con él, ya que con la edad pasa, de ser un observador, a participar en la acción con más asiduidad. El juego se convierte en un intercambio entre dos personas, más que en una mera presentación por parte del adulto. También es verdad que según van creciendo, son capaces de divertirse más por sí mismos. La educadora tiene que ser consciente de esto al tener a su cargo un grupo de diferentes edades, porque la tendencia natural podría ser pasar más tiempo de lo apropiado con los mayores que con los pequeños.

Normalmente, el juego con los más pequeños debe ser más deliberado y planificado que con los de mayor edad, porque los primeros, con menos capacidad de comprensión y una experiencia más limitada, necesitan jugar con algún tipo de protección contra incidentes molestos e inesperados. Para llamar la atención de un bebé de 9 meses con una pelota, por ejemplo, la educadora sólo tiene que levantarla y decir el nombre del niño. Es muy probable que, en caso de que esté interesado, la alcance o gatee para cogerla. Pero con uno de 2 meses, tiene que poner la pelota al alcance de su vista, moverla despacio y regularmente y, quizá, hablarle para llamar su atención.

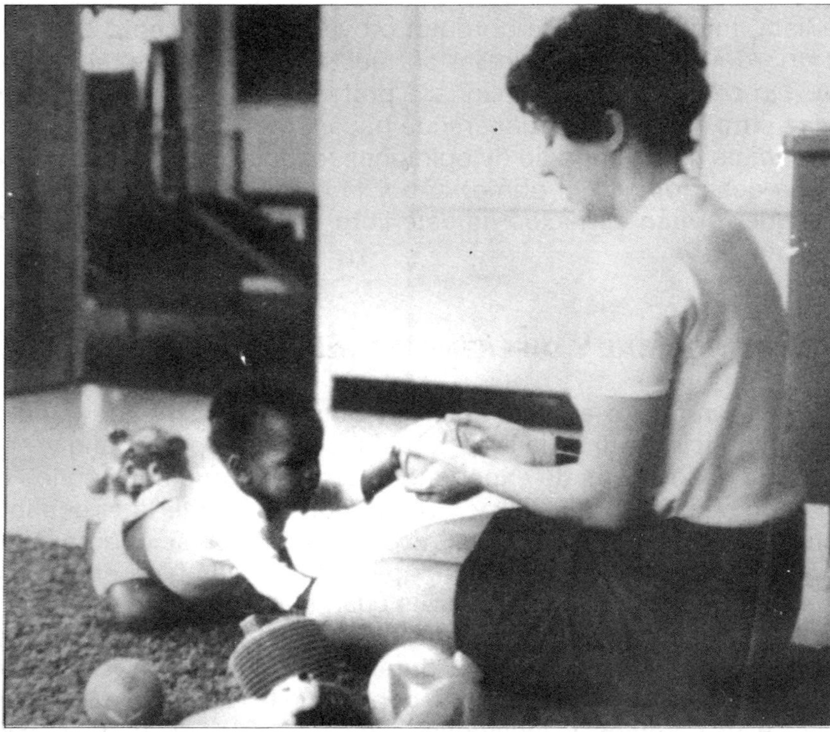

ESTABILIDAD DEL ENTORNO GENERAL

Si un bebé tiene el tipo de experiencias de juego analizado en este capítulo, debe haber una constancia razonable en cuanto a las personas, los recursos físicos y las actividades rutinarias que constituyen su experiencia diaria. En otras palabras, tiene que haber una sensación de estabilidad básica que proporcione un trasfondo seguro de cara a las variaciones diarias que ocurren espontáneamente. Ésta es una de las razones por las que un adecuado equilibrio entre la variedad y la monotonía en el entorno, (Principio 4, ver Capítulo Primero), es un punto relevante en el análisis del juego.

Esta estabilidad del ambiente facilita el juego de dos maneras: en primer lugar, la relación con un adulto cariñoso que conoce al bebé es el factor más importante en el juego del pequeño. Una persona mayor tiene que pasar mucho tiempo con un bebé para llegar a conocer su estilo, intereses y aptitudes. El segundo papel que un ambiente predecible y seguro desempeña, es que da libertad al pequeño para examinar, curiosear y meterse de lleno en el juego. Si un niño tiene que estar siempre reaccionando y adaptándose a nuevas educadoras, compañeros, rutinas, equipamiento o disposición de la sala, se pasará el día enfrentándose a esos cambios. ¡Ningún bebé puede sentirse seguro en un ambiente en el que el principal aspecto predecible es que hay frecuentes cambios! Tener las mismas educadoras, mantener en lo posible la estabilidad de los grupos, realizar las rutinas del mismo modo todos los días, hacer que las reacciones de las educadoras al corregir a los niños sean similares, o utilizar palabras semejantes para nombrar objetos familiares, son factores que contribuyen a mantener la constancia.

MONOTONÍA Y VARIEDAD EN LAS ACTIVIDADES DIARIAS

Una segunda consideración respecto al equilibrio apropiado entre la variedad y la monotonía, se refiere a la manera en que el niño pasa su tiempo en el centro y a la variedad de oportunidades que las educadoras dan al pequeño para el juego. Mientras que en el análisis anterior, la regularidad era referida como la constancia del entorno para una buena disposición lúdica, en el contexto que nos interesa ahora significa «hacer las mismas actividades ya conocidas», opuesto a «hacer algo nuevo y diferente».

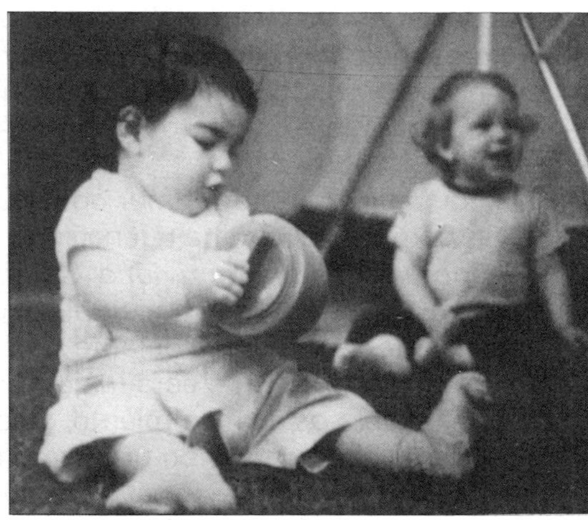

El juego debe ser una combinación de la exploración de nuevos objetos, la práctica de nuevas habilidades, el enfrentarse a nuevos desafíos, la satisfacción que produce el uso de las habilidades ya adquiridas y el sentimiento agradable de volver a explorar lo conocido (5). Es fácil que olvidemos el valor de repetir lo ya conocido al consolidar las antiguas habilidades y adquirir otras nuevas. Lo que a los adultos a veces nos parece aburrido y repetitivo, puede que sea una actividad muy importante para consolidar las destrezas que el niño acaba de aprender. Un bebé de 11 meses se puede pasar 10 ó 15 minutos echando objetos en un bote y sacándolos después. Una buena educadora se dará cuenta de la importancia de tal actividad y no la interferirá para cambiarla.

Todos los bebés parecen necesitar tiempo para consolidar las habilidades aprendidas sobre todo respecto al desarrollo motriz. Es como si, aunque le costara mucho, el niño tuviera una gran satisfación con el objetivo cumplido y quisiera repetirlo una y otra vez. De igual manera, los que están aprendiendo algo nuevo necesitan la seguridad y la confianza en sí mismos que les proporcionan otras actividades ya conocidas que hacen con facilidad. Un bebé de 12 meses que está aprendiendo a andar, puede pasar mucho del tiempo restante abrazando los peluches o arrojando los bloques, mientras no está andando.

Los niños difieren mucho en su habilidad para adaptarse a los cambios y en el grado de variedad y novedad que necesitan para mantenerse contentos e interesados en una actividad. Por ejemplo, uno se puede adaptar casi de inmediato al cambio brusco de estar saltando arriba y abajo sobre la educadora, con risas y ruido, a la tranquilidad de la mecedora; este niño se adapta en seguida, incluso disfrutando del contraste. En cambio, otro necesita de una transición más gradual de una situación más activa a otra más tranquila. La educadora es la que debe adaptarse a la relación que haya que tener con un determinado pequeño.

La mejor guía para saber el grado de variedad necesario en el juego nos la ofrecen las reacciones del propio niño. Si se muestra aburrido, sin interés y nervioso, la mejor solución puede ser ofrecerle nuevas alternativas. Los juguetes disponibles puede que sean demasiado complicados, y por tanto frustrantes, o demasiado secillos y aburridos, o apropiados para el nivel de desarrollo del pequeño, pero con pocos alicientes, porque los tiene ya muy vistos. Si se retiran los juguetes durante una temporada, cuando se vuelvan a sacar el interés puede estar ya renovado. También se pueden crear nuevas áreas de exploración cambiando la disposición de los muebles. El niño necesita opciones en el juego, pero si es despistado, nervioso o incapaz de centrarse en una actividad, puede ser porque hay demasiadas opciones. Es difícil para la educadora, en especial cuando se trata de un bebé más pequeño, llevar su mismo paso y abandonar una actividad que ella creía apropiada, debido a la falta de entusiasmo del pequeño. Y aunque su nivel de atención y su estado de ánimo son los mejores indicadores sobre el equilibrio adecuado entre variedad y uniformidad, no es arriesgado decir que cuando la educadora ya está cansada de enseñarle un juguete concreto o de jugar al cucú-tras, es probable que sea hora de cambiar de actividad.

Las educadoras deben tomar continuas decisiones sobre cuándo introducir nuevas experiencias. Una buena línea a seguir es que, *si el niño parece estar obteniendo algo de una actividad, relativo al repertorio de sus aptitudes, no hay por qué interrumpirla.* Por ejemplo, a un bebé de 4 meses que intenta coger un juguete que se balancea delante de él, se le debe dejar (y ayudar, en caso de que no lo logre), ya que está mejorando de una manera activa su habilidad para alcanzar objetos en movimiento, guiado por su vista. Pero otro de la misma edad, que está «ido» mirando un objeto que se encuentra lejos de su alcance durante largo rato, no está aprovechando tan bien el tiempo, porque es capaz de hacer mucho más que mirar simplemente a un objeto interesante.

Las educadoras tienen que estar muy atentas a cómo pasan el tiempo los niños más pequeños. Deben proporcionarles una suficiente variedad de estímulos, quizá cambiando su posición: dándoles la vuelta, poniéndoles de pie o sacándoles de la cuna. Los mayores, en especial los que ya se ponen de pie solos y van de un sitio a otro, tienen algo de control sobre el grado de cambios que pueden tener durante el día. En el ambiente diario del centro, con toda probabilidad, habrá muchas opciones de actividades diferentes, unas novedosas y otras no tanto.

Cuando la educadora se decide a introducir los cambios necesarios, le es muy útil la división de éstos en dos categorías: la primera comprende aquéllos escogidos sólo en función de la variedad, es decir, los que tienen por fin evitar el aburrimiento; la segunda incluye los señalados para «forzar» al bebé de alguna manera, presentándole un reto.

LA IMPORTANCIA DE LOS RETOS

Dar al pequeño, en su experiencia diaria, variedad y uniformidad debe ser visto como una oportunidad de consolidación y estímulo. Estas experiencias de estimulación o retos, tienen lugar siempre que el niño se enfrenta con la oportunidad de hacer o entender algo que exige un esfuerzo de sus aptitudes cognitivas, motrices, sociales o comunicativas, todavía sin formar completamente; estos desafíos también los podemos ver como problemas para resolver.

Muchos retos surgen espontáneamente, pero la educadora se debe responsabilizar de que sean una parte de la experiencia diaria (6).

Si una de estas actividades tiene que servir para fomentar el desarrollo de una nueva destreza del pequeño, se debe basar en lo que él ya sabe o puede hacer. El desarrollo infantil se sucede de una manera ordenada, las nuevas habilidades se apoyan en las anteriores; es decir, los comportamientos más complejos se forman a partir de sus componentes más simples, las experiencias nuevas se deben construir sobre las previas. Como ya dijimos antes, no hay que acelerar el proceso de educación del bebé; al contrario, debe avanzar a su propio ritmo en el dominio de esas nuevas habilidades que está adquiriendo. Por ejemplo, si en cuanto llega a dominar un tablero con formas circulares que le hemos dado, le ponemos delante otro más difícil con cuadrados y triángulos, le estamos negando el placer de ejercitar algo ya adquirido, además de la práctica necesaria para consolidarlo. Así pues, la educadora no presentará variantes en las prácticas que el niño está aprendiendo antes de que las domine por completo: por ejemplo, no debe enseñarle en la misma sesión a la vez a amontonar fichas y a meterlas en una caja. Sucedería lo mismo en el caso de que estuviera intentando enseñar a un pequeño de 8 meses a dar palmas con ella; en ese mismo día no debería mostrarle, además, cómo decir adiós con la mano.

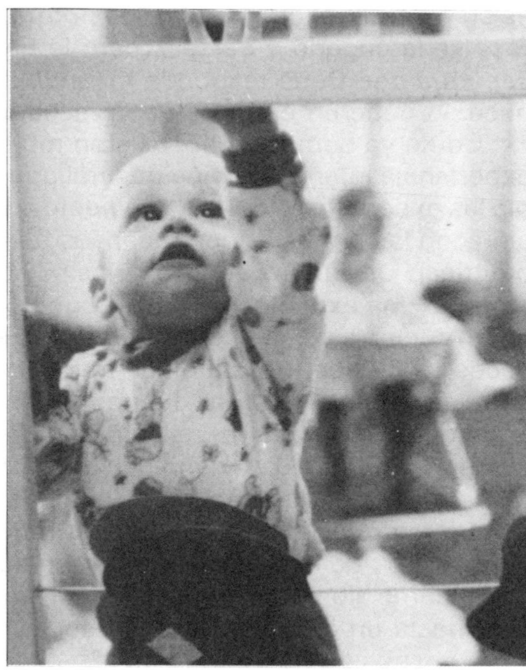

Como se dijo antes, cualquier experiencia que fuerce la creciente comprensión del niño sobre cómo funciona la realidad, es un desafío para él. Los problemas que tiene que solucionar penetran todos los aspectos de su experiencia diaria. Vamos a ver algunos de los retos que se pueden encontrar de forma natural en un ambiente rico:

1. Aprender a desprenderse de los objetos y a tirarlos. (A los 2 ó 3 meses).
2. Esforzarse para que la vista siga lo que las manos hacen. (A los 3 ó 4 meses).
3. Intentar coger un objeto que está fuera de su alcance, ponerse de pie, gatear, andar, trepar.

4. Tratar de establecer un cierto orden en los objetos —por ejemplo, poner un bloque encima de otro o un bote dentro de otro más grande.
5. Encontrar una pelota que no está donde él creía.
6. Aprender a soportar la situación de que la madre no esté con él en el centro, sin alterarse.
7. Intentar emparejar una palabra (dicha por un adulto) con el objeto que le corresponde.

Cada una de estas situaciones, y muchas otras similares, presentadas en el momento preciso y con el apoyo adecuado, incrementan el repertorio de habilidades del bebé y el placer de vivir nuevas experiencias.

Muchos desafíos sociales tienen como objetivo el fomento de la comunicación del niño. Se crea una nueva experiencia cada vez que la educadora presenta una situación que requiere la comunicación y solución de un problema, es decir cualquier tipo de iniciativa por parte del bebé. Existen numerosas oportunidades de hacer esto, pero tiene que ser una educadora sensible la que se dé cuenta de ellas y esté dispuesta a tomarse el tiempo y el esfuerzo necesario para llevarlas a cabo. El siguiente ejemplo representa esta clase de educación.

Una niña de 12 meses está nerviosa y la educadora sabe que lo que quiere es su biberón, al que no alcanza porque está en el centro de la mesa. Lo más fácil sería cogerlo y dárselo, pero le pregunta, «Dena, ¿quieres el biberón?» Espera a que Dena responda mirando al lugar donde suele estar y, cuado lo hace, lo pone en el borde de la mesa, para que lo pueda alcanzar ella sola.

Como ya hemos dicho, existen multitud de retos en todas las áreas de la experiencia infantil. Un tipo general consiste en cualquier práctica que incumpla las expectativas del niño respecto a un hecho concreto, tanto en la interacción con las personas como con los objetos. Por ejemplo, muchos juegos que practican los adultos con los niños se basan en la repetición de una actividad, creando una expectativa, para luego hacer lo que el pequeño no se esperaba (en el cucú-tras o en el escondite). Una educadora acaricia la barriguita varias veces a un bebé, pasándole la mano suavemente para que la vea; la risa del pequeño suele aumentar cuando, de repente, cambia y le acaricia el pie. En las actividades rutinarias, el niño siempre espera que las cosas sucedan de una manera determinada y tiene que adaptarse a los cambios y a los retrasos. Los juguetes, a menudo, también violan las expectativas del niño, especialmente cuando se rompen y no vuelven a funcionar como lo hacían (7).

Después de haber considerado un número de características generales del juego como algo útil para el desarrollo infantil, ahora dirigiremos nuestra atención hacia un análisis del juego social.

Juego social: adultos y bebés juntos

Ya hemos mencionado muchas veces la importancia de las interacciones agradables entre adulto y bebé. El reciente interés por la educación infantil y la estimulación cognitiva temprana ha tenido como consecuencia el incremento de la atención prestada a los juguetes y a su «valor educativo». Debido a esta tendencia, muchas personas han tomado conciencia de la importancia de la calidad en la experiencia infantil. Sin embargo, existe cierta preocupación porque esta relevancia de los juguetes haya llevado a un olvido del valor de la relación entre el niño y el adulto. *Un juguete nunca puede sustituir el contacto con otras personas.*

La interacción social con un adulto tiene muchas ventajas para el niño. Sin duda alguna, el pequeño aprende a saber que es especial cuando la educadora se dedica con tanta atención a él. Comienza a confiar en las personas y se forma una actitud positiva hacia estar con ellas. Participar en esas relaciones también le ayuda a desarrollar ciertas aptitudes sociales, a aprender modos de ganarse la atención —por ejemplo, que una sonrisa es respondida por otra— o, en general, a darse cuenta de que si comunica de alguna manera una necesidad o un interés, lo normal es que reciba una respuesta. El dominio de lo social es tan importante como cualquier otra destreza que se desarrolla con objetos inanimados. Un contexto social ofrece muchas oportunidades para ambos tipos de prácticas.

En un proyecto de grupo, la educadora debe tener tiempo para tratar con los niños inividualmente, cuando no tenga que atender a varios a la vez. Estas situaciones ocurren durante las comidas o el cambio de pañales, pero es fundamental incorporar un trato particular a lo largo del día, ya que es la mejor oportunidad de que ambos se lleguen a conocer. Si es posible, ha de haber ocasiones en las que salgan los dos de la habitación para jugar solos, a hacer una breve excursión.

Muchos pequeños necesitan pasar algún tiempo separados del grupo ¡y las educadoras también! Esta situación ofrece la oportunidad de cambiar de escenario, algunos juegan mejor, o al menos de un modo diferente, cuando se encuentran fuera del grupo y además la educadora puede tener otra perspectiva de sus habilidades. Una de las educadoras de Cornell dijo que su momento favorito del día era cuando se salía de la sala con un solo bebé. A ella, en particular, le encantaba su trabajo y era muy competente, por lo que no es probable que quisiera dejar la habitación simplemente porque fuera más cómodo que estar dentro.

Hay varias directrices generales para una relación social efectiva entre adultos y bebés:

1. Los juegos entre adultos y niños deben ser interactivos y recíprocos. Esto quiere decir que hay una influencia mutua, unas veces iniciando el contacto y otras respondiendo al acercamiento del otro. Incluso en las primeras semanas de vida, el pequeño ve que, entre las cosas más interesantes que le rodean, están las personas y sus rostros y normalmente es muy receptivo a las aproximaciones sociales de los adultos. Un niño que está nervioso, se calma cuando le cogen en brazos, se queda quieto cuando oye a alguien que está cantando o hablando y sonríe y se arrulla cuando se le toca o se le dice algo. Suele iniciar estas relaciones a muy temprana edad y la educadora debe estar al tanto para responderle adecuadamente. Algunos de sus primeros comportamientos sociales, que resultan de sus relaciones con el mundo adulto, los encontramos cuando el bebé mira al rostro de la educadora, la sigue sonriente con la vista por toda la habitación o intenta cogerle el dedo. Según va creciendo, sus iniciativas, al igual que sus respuestas, se hacen más obvias, pero no por ello menos importantes. Cualquiera de sus iniciativas sociales positivas merece una respuesta; no es apropiado ignorar intencionadamente alguna de sus proposiciones, por ejemplo rechazando un cubo que nos da, ignorando una sonrisa o señal con la mano, o desdeñando un balbuceo.

Para que en la relación tomen parte por igual, tanto el niño como la educadora, ésta debe tener mucho cuidado de no superarle con sus propias actividades. Al contrario, tiene que crear situaciones para que responda y animarle, mostrándose contenta y respondiéndole a su vez.

Por ejemplo, una educadora que está ayudando a un niño a ponerse en pié, no debe cogerlo por los brazos para levantarlo y sentarlo repetidamente; puede hacer esto algunas veces, pero luego esperará a que él empuje con las piernas o a que se agarre a ella para intentar hacerlo. Jugar no es algo que se haga *a* los bebés sino *con* ellos.

2. La educadora debe mostrarse atenta a las indicaciones del bebé y adaptar el juego de acuerdo a ellas. El indicio más acertado de la validez de una actividad es la respuesta del pequeño.

Si está contento e interesado, lo demostrará; en caso contrario, la educadora no se divertirá con el juego, haciendo retroceder el desarrollo de la relación del niño con ella o con sus juguetes. Tiene que observar las indicaciones de interés, como los balbuceos, sonrisas o esfuerzos por coger algo, y las de desinterés, como la impaciencia o el caso omiso, y juzgarlas de acuerdo a las características individuales. Por ejemplo, no todos los niños se reirán con júbilo y chillarán al ponerles un pañal en la cara para jugar al cucú-tras. Algunos sí, pero otros, que también pueden estar disfrutando mucho con el juego, sólo sonreirán. Un buen indicio es que el pequeño colabore con el juego, en el caso de que tenga la habilidad para ello; es decir, un niño que apenas si sonríe, pero está intentando que le pongan otra vez el pañal en la cara después de habérselo quitado, está claro que quiere que el juego continúe.

En general, la educadora debe continuar con un juego sólo si el bebé parece estar pasándolo bien. Puede insistir un poco si cree que está distraido y no lo está intentando, pero cuando ha probado varias veces y sólo demuestra un mínimo interés, deberá dejarlo y cambiar de actividad.

El comportamiento y estado de ánimo del niño en ese momento son los que nos sugerirán el tipo de juego más conveniente. Un bebé cansado o a punto de irse a casa, quizá prefiera estar tranquilo con la educadora, aprendiendo a hacer palmitas con ella, mirando un libro, cantando o hablando; hay actividades y juguetes que se pueden reservar para estas ocasiones.

Ya mencionamos antes que, a veces, un niño se «obsesiona» con una actividad, y que hay que dejarle libertad para seguir con ella. La educadora que lo percibe debe proporcionar las actividades adecuadas. Por ejemplo, si un bebé se lleva a la boca todo lo que encuentra, no debemos darle materiales que no sean aptos para masticar, ya que esto sería más frustrante que divertido. Los «constructores» necesitan objetos para apilar, los «mordedores» algo para morder y los «escaladores» recursos para escalar.

Otro aspecto de la adaptabilidad, consiste en la capacidad que la educadora posee para cancelar los planes previos y continuar con las actividades que el bebé ha comenzado por sí solo. Una educadora tiene un niño en brazos enseñándole a dar palmadas mientras canta el pequeño; da palmas los dos primeros versos, pero en vez de continuar chocando sus manos con las de ella, empieza a darse en las mejillas y luego en las rodillas; una buena educadora verá esta variación como una iniciativa creativa del niño y, dejando el juego normal, al menos durante un rato, le imitará, quizá ampliando su iniciativa diciendo «mejillas», «cabeza» y «manos» al tiempo que las toca. Pero también debe evitar volcarse demasiado en el juego de manera que se olvide del pequeño. Por ejemplo, si está meciendo y cantando a un niño y él empieza a balbucear, debe dejar de cantar y responder a sus vocalizaciones.

El juego, a veces, se utiliza como distracción para un bebé intranquilo; a algunos les basta con que se les dé algo cuando están nerviosos, pero otros necesitan que se les calme antes de empezar a jugar. Si una educadora introduce un juego y el niño continúa inquieto, deberá buscar otra vía más apropiada.

3. Las relaciones entre adultos y bebés deben tener una amplia gama de tipos de comunicación. Entre estos tipos podemos incluir: mirar, hablar, mover, sostener, mecer, tocar, cantar, sonreír, o reír. Con los más pequeños, la interacción debe ir acompañada de mucho contacto físico. El bebé, a cualquier edad, necesita proximidad física, pero los mayores, con frecuencia están demasiado «ocupados» para pasar largos períodos de tiempo en brazos o siendo mecidos; es mucho más normal que sean los pequeños los que disfruten con esto. Se puede decir que, en general, la adecuación de ciertos tipos de relación depende del nivel del desarrollo y del estilo del pequeño.

4. El lenguaje juega un papel importante en las relaciones sociales del bebé a cualquier edad. Al igual que el rostro humano es uno de los objetos más interesantes para que un niño reaccione, la voz juega un papel importante desde el principio. A los muy pequeños les gusta que se les hable y que se les cante antes de que puedan entender una sola palabra y además les sirve como aprendizaje. La educadora debe pasar una buena parte del día hablándoles y respondiendo verbalmente a sus primeras vocalizaciones. Estas conversaciones pueden parecer algo artificiales al principio, pero este sentimiento es pronto sustituido por el placer de la respuesta positiva del pequeño. Nuestra recomendación es que las educadoras hablen con todos los niños de una manera natural, evitando hacerlo «desde arriba» o usar un «lenguaje de bebé» demasiado simplificado. De esta manera, el pequeño se acostumbra al idioma de los adultos desde temprana edad y la educadora no tendrá que cambiar la manera de hablar cuando el niño se haga mayor. Esto no quiere decir que se deban eludir las imitaciones de los balbuceos del pequeño, ya que, por el contrario, estas prácticas tienen un claro objetivo de fomentar la vocalización y la respuesta social.

Utilizar libros para niños es una manera muy agradable de combinar el hablar con otros tipos de comunicación. Una educadora que tiene en brazos a un bebé de 6 meses y le habla de los dibujos del libro que están «leyendo» juntos, consigue varios objetivos a la vez: coge al niño, le presta una atención individualizada, le crea interés por los colores y formas brillantes del libro, y le habla. Con niños de menos de 1 año, se utiliza el lenguaje de cuatro maneras diferentes: 1) como fuente de estimulación interesante y única; 2) como medio de tranquilizar y confortar; 3) como una manera de comunicar los sentimientos; y 4) como herramienta para dar y recibir información. Las tres primeras se dan desde las semanas iniciales de vida; más adelante, los niños comienzan a entender antes de que sean capaces de usar palabras y hablar. Por tanto, la utilización del lenguaje, para enviar y recibir información, se debe tener en consideración a partir de los 6 meses, haciéndose de vital importancia que todos los objetos y actividades familiares sean nombrados en la conversación con los bebés. Alrededor del año, el pequeño ya ha comenzado a asociar nombres y objetos conocidos. Para ayudarle se puede jugar con él, haciéndole buscar algo que la educadora le ha nombrado. Algunas veces responderá simplemente mirando en la dirección en la que se encuentra el objeto, sin hacer el mínimo esfuerzo por señalarlo o acercarse a él, pero la educadora se dará cuenta de esta respuesta visual y la aplaudirá.

El niño se verá mucho más motivado para comunicarse verbalmente si encuentra respuesta a sus esfuerzos iniciales. Muy a menudo, sus primeras palabras se parecerán muy poco a lo que consideramos lengua normal y, muchas veces, es un verdadero reto para la educadora descifrar un conglomerado de sonidos, pero el descubrimiento de que el niño ha utilizado una «palabra correctamente», hace que el esfuerzo valga la pena.

5. Las interacciones se deben suceder con naturalidad. En resumen, lo que esta directriz implica es que el niño se beneficia de su estancia con el adulto que le muestra su afecto y sus emociones; el bebé aprende esas emociones en parte imitándolas. Una educadora no es una animadora y por tanto, no tiene por qué estar siempre alegre. A pesar de que debe dominar mejor sus emociones negativas que las positivas, no sería justo esperar de ella un continuo recibimiento feliz a las propuestas infantiles, y es importante que los bebés de más edad aprendan a darse cuenta de que otras personas están descontentas o impacientes con ellos y de las circunstancias en que esto ocurre (ver «El comienzo del autocontrol», Capítulo VI).

Las situaciones sociales también juegan un papel fundamental al facilitar el aprendizaje de una serie de habilidades en la resolución de problemas con objetos inanimados. Podemos ver los juguetes como instrumentos para establecer relaciones agradables entre un adulto y un bebé. El valor que tiene el que dos personas se diviertan con un tablero, en parte radica en que el niño está aprendiendo a emparejar formas con objetos y, en parte, en lo que aprende de otras personas y de sí mismo.

Además de las cinco directrices analizadas, existen otras consideraciones que van dirigidas en especial, aunque no exclusivamente, a una situación en la que una educadora y un niño están jugando juntos con un juguete o cualquier otro tipo de objeto.

6. Un adulto puede ayudar a un bebé a adquirir nuevos tipos de dominio. Este principio está muy ligado al análisis anterior de los retos. Los nuevos tipos de dominio, cuando se encuentra la solución a un problema o cuando se descubre una manera nueva de hacer algo que ya se sabía, son, con frecuencia, el resultado de un reto adecuado que el bebé encuentra en unos juguetes o en una exigencia de habilidad social y comunicativa. Del conocimiento del pequeño —su nivel de desarrollo, aptitudes y estilo— la educadora deducirá el nivel de exigencia al que responderá mejor. Ella será la que decida, por ejemplo, proponerle una actividad más fácil para que el niño se esfuerce más. Si un bebé de 4 meses que está boca abajo, intenta alcanzar un objeto coloreado que está a unos 15 centímetros más allá de su alcance, la educadora se lo acercará para que tenga más posibilidades de cogerlo. En esa misma situación, pero con un niño de 8 meses, no deberá moverlo en el caso de que el pequeño haya empezado a gatear para alcanzarlo. Por supuesto que existen muchas maneras de ayudarles, pero sólo les debe dar lo justo para mantener su esfuerzo e interés, manifestándoles su aprobación de manera que, en lo posible, sea el *niño* el que domine la situación y no él y la educadora juntos. Por ejemplo, si ella quiere hacer ver al bebé que al tirar de una cuerda el juguete se acerca, sólo deberá tirar un poco, para que él haga el resto del trabajo.

También le puede mostrar cómo llegar a dominar una situación a través de la imitación. Pero las demostraciones no se deben repetir una y otra vez, ya que el objetivo es alentar la curiosidad del niño para que explore y descubra el mundo por sí mismo, en vez de que sea un adulto quien le diga lo que tiene que hacer. La educadora debe sugerir variaciones en el mismo momento en que el interés decrezca: por ejemplo, enseñando a un pequeño de 11 meses que las fichas que ha estado mordiendo y golpeando pueden ponerse juntas formando una figura, o meterse en un bote y luego sacarse.

La reacción de una educadora ante las actividades de un niño puede consistir en animarle o desanimarle. Se deben utilizar los elogios en el momento adecuado, no como una reacción habitual ante todo lo que el niño hace. La educadora está fomentando el juego al mostrar su satisfacción ante los esfuerzos y los logros del pequeño; en algunas ocasiones, su entusiasmo es mucho más valioso que cualquier otra ayuda específica que le pueda ofrecer. Un pequeño puede llegar a detectar el tono de aprobación de su educadora mucho antes de entender lo que la palabra «bien» significa.

Una educadora ayuda al bebé a adquirir nuevas habilidades de una manera directa, cuando crea situaciones apropiadas y participa en ellas. Debe hacer algo más que suponer que un niño de 3 meses tiene la oportunidad de seguir con la vista objetos móviles. Cuando el pequeño es receptivo, debe jugar con él, poniéndole una pelota de colores delante y moviéndola muy despacio, hacia delante y hacia detrás, arriba y abajo, o haciendo un arco alrededor de la cuna para que la siga. Lo normal es que el niño, continúe con una actividad cuando la educadora está con él, por lo que su presencia puede ser otro acicate para su desarrollo.

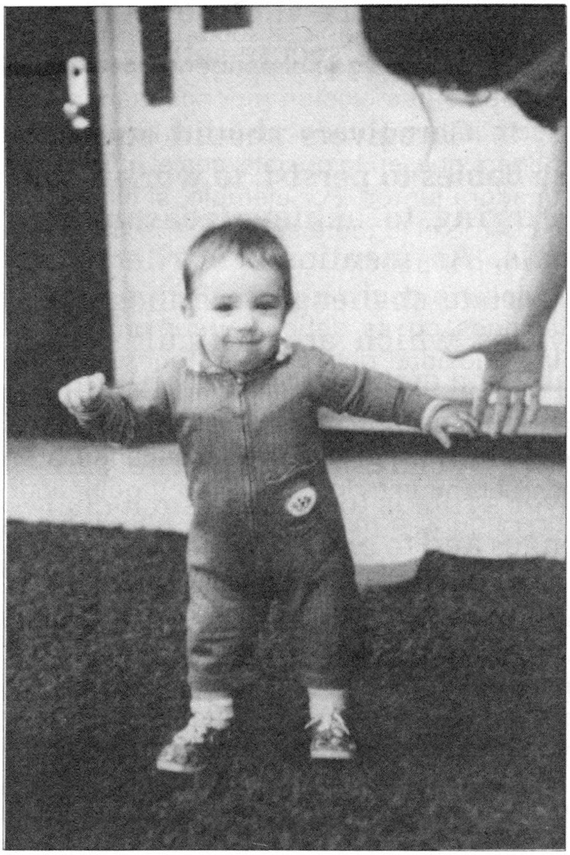

En este capítulo hemos dado una especial importancia a que los pequeños elijan el juego y tengan libertad para poder explorar y seguir sus intereses. Otra de las funciones de la educadora es supervisar el juego, es decir, vigilar cuándo un juguete puede ser peligroso para que el bebé lo maneje solo, pero puede ser utilizado con ella delante. Por ejemplo, un cartón de huevos tiene una forma y un tacto interesante y se pueden meter fichitas en él; pero se puede masticar, por lo que no se debe dejar a un bebé solo con él, pues puede morderlo.

7. Al presentar un juego nuevo, la educadora debe dejar que el bebé lo descubra por sí mismo y lo utilice como desee durante un rato. La función de la educadora es *facilitar* el interés y el aprendizaje del niño, fomentar su curiosidad, *no dirigir* sus actividades. De esta manera, se le da la oportunidad de explorar y descubrir, en primer lugar, y, después, de aprender otras maneras de jugar. Esto no quiere decir que la educadora sólo tenga que actuar cuando el niño no esté interesado; ella debe estar en su sitio, pendiente de lo que hace, mostrando agrado y respondiendo mientras el bebé realiza su trabajo. También ellos deben tener la satisfacción de descubrir lo que sucede cuando actúan en su propio mundo: cuando ven que un objeto se balancea después de haberlo golpeado, cuando tiran de la cuerda atada a un camión y éste se les acerca, o cuando se esfuerzan por coger un cubo que está un poco más allá y ven que su empeño ha sido recompensado. También es reconfortante para ellos imaginarse las cosas, resolver problemas y trabajar para

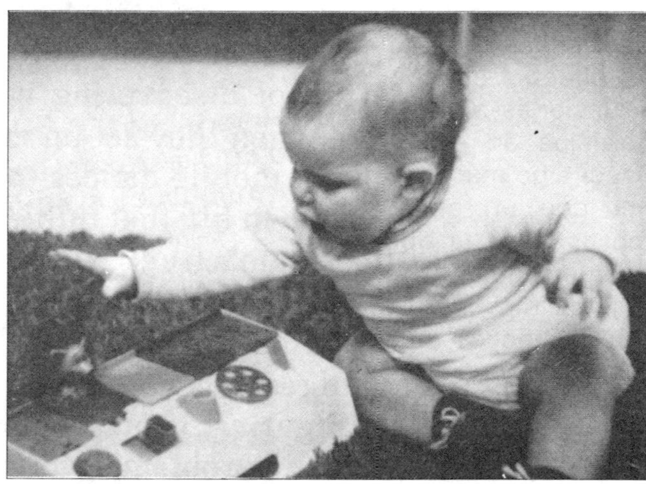

conseguir un objetivo. (¡Esta importancia del autodescubrimiento, no quiere decir que la educadora deje jugar al pequeño con una caja de sorpresas durante bastante tiempo sin decirle cómo se abre!)

8. La educadora debe estar al tanto de las variaciones iniciadas por el niño en el juego y seguirlas. Debe deshacerse de sus ideas preconcebidas sobre la manera «correcta» de utilizar un determinado juguete. Si se deja al niño desarrollar su propia curiosidad e iniciativa, se consigue una experiencia mucho más valiosa que si se siguen las directrices del juego tal y como están descritas en las instrucciones. Una buena educadora muy rara vez dice «no» en un juego, a no ser que pueda causar algún daño físico a alguien. Uno de los principales objetivos del juego en el primer año de vida es alimentar una curiosidad firme hacia el mundo circundante. Para conseguir esto, se debe dar al niño libertad de exploración en un entorno seguro.

9. La educadora debe fomentar la persistencia del bebé en la consecución de objetivos razonables. Ya dijimos antes que los retos son aquellas actividades que, de alguna manera, son difíciles, pero *posibles*, de desarrollar con éxito por el niño. La función de la educadora consiste en proporcionar y fomentar esos desafíos para que el niño los supere; también debe intervenir antes de que se enfade y decida abandonar la actividad, pero nunca antes de que se haya «peleado» con el problema. Para saber cuándo llega ese punto, es necesario observar a cada niño durante un período de tiempo bastante largo. A menudo es difícil que una educadora consciente entienda que, si deja al bebé solo, también va a aprovechar el tiempo, enfrentándose a los problemas e intentando solucionarlos él solo.

Consideramos, por ejemplo, un pequeño de 12 meses, que se las ha arreglado para subirse, no sin algún que otro esfuerzo, al estante de la parte de abajo de un armario vaciado con ese propósito. Está orgulloso de sí mismo, pero los estantes están sujetos y tiene problemas para darse la vuelta en un espacio tan reducido y poder salir; lloriquea. La educadora, al ver que está progresando, le anima y le dice: «eso es, Robert, lo estás haciendo muy bien». No se dirige hacia él de inmediato para darle la vuelta o cogerle. Lo intenta otra vez y cuando consigue salir, la educadora le hace ver con claridad en sus palabras y en su tono que ha obtenido un gran logro. Le ha alentado a terminar y, de esta manera, le ha hecho descubrir que es una persona competente, capaz de resolver problemas sin ayuda. Por la relación que tiene con ella, sabe que si la situación se hubiera complicado más, habría contado con su ayuda.

Dar el tipo de ayuda necesaria, la cantidad adecuada y en el momento oportuno, son algunas de las máximas de una atención esmerada y uno de los objetivos por los que se debe trabajar constantemente. Para un bebé que está intentando coger un juguete lejos de su alcance, el que alguien se lo acerque puede ser un incentivo para seguir en su empeño, mientras que, para otro, la educadora tiene que cambiar de actitud y dárselo, dejarle que lo tenga un rato, y luego volver a colocarlo lejos de nuevo. Cuando la educadora interviene en tales situaciones, suele facilitar la actividad, dando un empujoncito a uno que intenta subirse a la mecedora o enseñandóle una manera más fácil de conseguirlo colocando una rodilla en la silla y diciéndole cómo sujetarse con las dos manos. A un bebé de 12 meses que intenta con verdadero ahínco meter una ficha cuadrada en un pequeño agujero redondo, se le puede enseñar cómo introducir el cuadrado en su correspondiente espacio o, si la educadora lo cree más conveniente para su desarrollo, le puede enseñar cómo levantar la tapa del tablero y meter cualquier ficha fácilmente.

La educadora debe recordar que el niño puede tener razones válidas para dejar un juego: puede estar cansado de él, o puede que sea demasiado complicado. Terminar algo no es sagrado, así que no se debe insistir en la misma actividad si el bebé ya no está interesado.

No hay por qué mostrarse demasiado apasionada en ofrecerle desafíos y fomentar el empeño; ya se ha dicho que es acertado que los niños practiquen destrezas ya adquiridas, es decir, actividades fáciles y que les resulten familiares.

10. Cada bebé tiene un estilo particular de jugar y la educadora se debe adaptar a cada uno de ellos. Algunos niños no necesitan que les presenten los juguetes, porque van directos hacia ellos, comienzan a explorarlos y se sumergen de lleno en su manipulación. Las cosas están ahí para ser tocadas, probadas y exploradas. Otros más cautos necesitan un mayor apoyo de un adulto para beneficiarse de las posibilidades del juguete. Estos suelen utilizar los ojos en vez de las manos para explorar, incluso cuando se hacen mayores. A estos dos grupos los podemos denominar *actores* y *observadores.* Algunos parecen adeptos del aprendizaje visual, mirando a otros bebés y adultos mientras que otros necesitan *hacer* algo, *actuar* para llegar a dominar una situación. Los dos tipos de aprendizaje son buenos y se deben anteponer estas diferencias individuales a cualquier objetivo de que todos tengan una exploración activa.

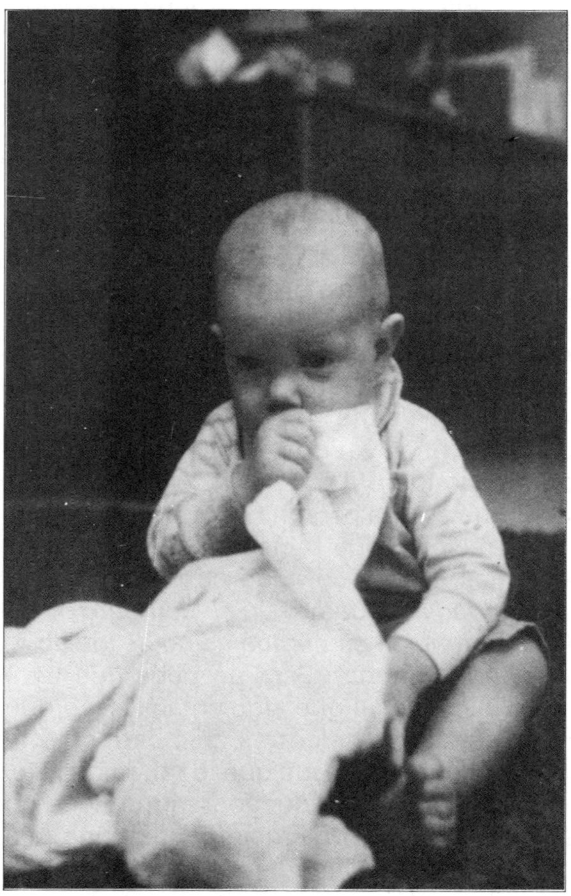

La mejor manera de saber cómo jugar con los pequeños es observándoles. El que es un explorador más activo puede que necesite muy poca orientación en sus juegos; en este caso, el papel de la educadora es sentarse con el niño, hablar y responder a lo que hace, pero sin distraerle. Un pequeño que tenga una actitud más pasiva, necesita de una asistencia más activa. Habrá que crear situaciones atractivas para que el bebé desee tomar parte en ellas, además de que no sean frustrantes, sino que refuercen su confianza. Es fundamental mostrarse relajada y atenta al juego para poder cambiar de actividad en el momento en que el bebé ya no muestre ningún interés.

MATERIALES DE JUEGO

Al comienzo del capítulo se mencionó que la función de la educadora respecto al juego es doble: es una intermediaria que participa directamente en él y una organizadora del entorno ecológico y físico que lo facilita o impide. Esta sección analizará la segunda función.

Las directrices referidas al entorno en el que el bebé juega y los materiales con los que lo hace coinciden, en gran parte, con las discutidas en las secciones precedentes del juego social. El escenario y los materiales tienen una gran influencia en las situaciones sociales que surgen. Los juguetes se deben elegir con mucho cuidado, porque los niños no empiezan su aprendizaje con la información verbal, sino mirando e interaccionando.

El escenario donde el juego tiene lugar es tan importante como los materiales, ya que la disposición y el tamaño de la sala, las actividades de la educadora y la manera de realizar las rutinas, afectan a las oportunidades que el pequeño tiene para jugar. Otras secciones del libro tratan este tema con más

detalle. Hace falta un escenario seguro y cómodo, donde el bebé se sienta libre para elegir, explorar y experimentar, antes de empezar a preocuparse por los juguetes. Hay que aclarar que el término juguete (o material de juego) no se refiere sólo a juguetes comercializados, sino también a materiales encontrados en casa y que son seguros e interesantes para que el niño actúe con ellos. Una caja vacía, un bote con una tapa, una lata de café o una cubitera de plástico, pueden servir como juguetes creativos. Estos objetos además tienen la ventaja de que son los utilizados normalmente en el mundo de los adultos (8). El Apéndice C ofrece algunas sugerencias de objetos que se pueden convertir fácilmente en juguetes interesantes.

Las siguientes pautas se refieren a la selección de juguetes y su uso individualizado o con la educadora.

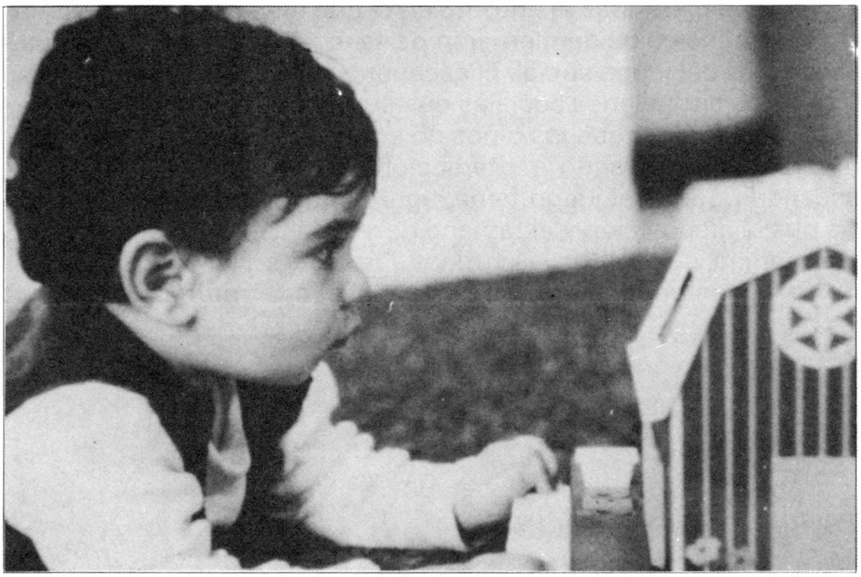

1. Los juguetes deben fomentar la acción. Unos buenos materiales de juego, no sólo están diseñados para entretener. Para que ayuden al aprendizaje, deben lograr la participación activa del pequeño. Hay muchos juguetes en el mercado que son considerados entretenidos, pero que precisan de muy poca participación por parte del niño. Un juguete que está ahora muy de moda, es una televisión musical con dibujos que se mueven; el botón que hay que apretar para hacerlo funcionar no puede ser activado por un niño de un año. Es interesante, incluso para bebés más pequeños, porque les gusta ver los dibujos y escucharlos, pero sería mucho más efectivo para los de 6 ó 7 meses si pudieran ponerlo en funcionamiento ellos mismos.

2. Los materiales deben responder a las acciones del bebé. Al hacer algo con un objeto, el niño debe poder producir algún resultado que se pueda percibir. Esta capacidad de respuesta de los juguetes ayuda a los niños de más edad a aprender algo de las relaciones causa-efecto que llevan al dominio de una habilidad. La capacidad de controlar parte del mundo en el que uno vive, es algo que los bebés pueden aprender desde muy temprana edad. En el momento en el que el niño es capaz de utilizar sus manos para relacionarse con la realidad y actuar en ella para cambiar algo, ya tiene experiencia en la obtención de respuestas de los demás: alguien viene cuando llora, o le responde cuando habla. Es muy importante que la educadora tenga en consideración el nivel de desarrollo de cada bebé y le proporcione materiales con capacidad de respuesta. Por ejemplo, no haría coger una ficha de 3 cm a un niño de 4 meses, sino una pelota de colores de 20 cm. Al seleccionar los sonajeros para uno de 3 meses, eliminaría uno blanco con un ruido apagado, en favor de uno de color llamativo y con un sonido más nítido. A uno de 6 meses le pondría al alcance una caja con un asa y una cuerda, que, al tirar, empezara a tocar una música.

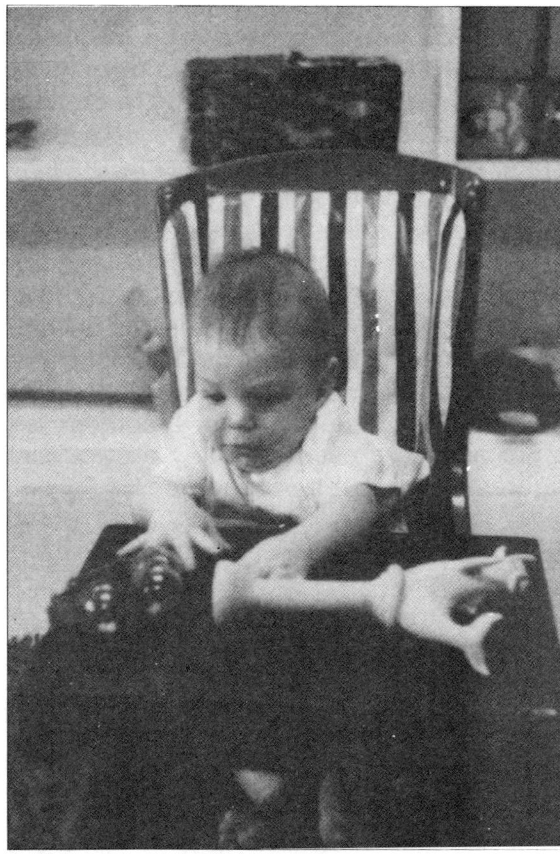

3. El grado de respuesta de los juguetes debe ser natural y no «trucado». Con la llegada de los juguetes, cunas, parques y otros aparatos cada vez más automáticos y electrónicos, es posible disponer el mundo del bebé de manera que casi todas sus acciones produzcan algún tipo de cambio exterior interesante: una patadita en la cuna de un niño de 3 meses provoca que se encienda una luz de colores, que suene una música o que aparezca un móvil con pajarillos volando por encima de él. Sin embargo, nosotros no apreciamos ventajas en experiencias de este tipo. Por el contrario, sí que hay una gran utilidad en darle al pequeño la oportunidad de originar un cambio en el entorno en el que se mueve con acciones que tienen un parecido con la vida real: agitar y golpear objetos, a veces produce sonidos que le pueden parecer interesantes; dar la vuelta a un juguete una y otra vez, observándolo, ofrece diferentes perspectivas de la misma superficie; apretar un objeto blando, produce formas diferentes y a veces un pitido gracioso; tirar una ficha por un agujero para que desaparezca y esperar a que salga por el otro extremo de una rampa, también puede ser divertido. Estos son algunos de los ejemplos de materiales que responden de una manera *natural* a las acciones y manipulaciones del bebé.

4. Un proyecto educativo de calidad debe incluir juguetes que fomenten la interacción social, y otros con los que el niño pueda jugar solo. Como el bebé tiene que pasar tiempo solo, la sala debe estar dispuesta de manera que esto sea posible de una forma segura y constructiva. Esto trae otra vez a colación el tema de la seguridad en la disposición de la habitación, la provisión de una variedad de juguetes apropiados para todas las edades y un suficiente espacio físico para que los niños tengan la libertad de llevar a cabo una actividad ellos solos, es decir, protegidos de la interrupción por los demás. No todos los juguetes deben requerir la participación de otro bebé o adulto, pero sí se dispondrá de algunos con ese propósito.

5. Los juguetes se deben elegir y colocar con el fin de dar al niño oportunidades para conseguir sus propios intereses, pero con el objetivo de canalizar sus esfuerzos hacia la práctica de sus incipientes habilidades. La educadora anima al niño a elegir sus juguetes, por ejemplo, poniéndolos en una estantería accesible, incluso para los que andan a gatas, pero también puede querer dirigir sus esfuerzos para conseguir y practica nuevas habilidades mediante los juguetes disponibles. Un ejemplo mencionado antes, con algunos retoques, también es válido en esta situación: los «constructores» necesitan objetos para apilar, los «mordedores» deben tener una serie de juguetes a los que poder morder sin peligro, y los «escaladores» necesitan unos recursos adecuados. El desafío apropiado para que un bebé desarrolle una nueva habilidad, se puede facilitar con los juguetes presentes en el entorno. Así, un niño que acaba de aprender a colocar una pieza circular en un tablero, debe tener acceso a ese material y a otros similares, pero más complicados, con figuras triangulares y cuadradas.

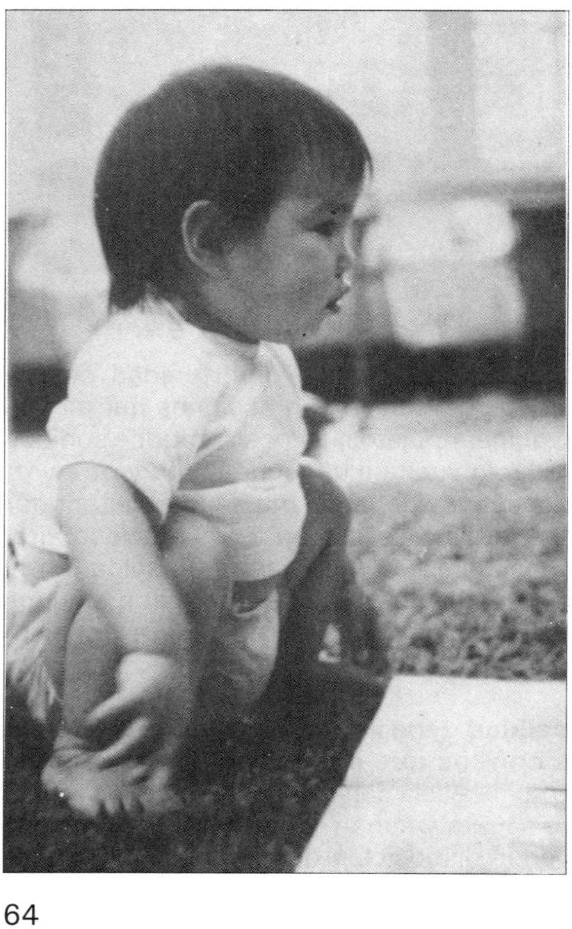

El interés y la satisfacción del bebé son unos buenos índices de la validez de la experiencia; pero no es suficiente decir que debemos dejar al niño con un juguete mientras esté contento. El pequeño de 4 meses que mencionábamos antes, y que podría pasarse la mayoría del tiempo mirando, también necesita verse inmerso en una actividad donde tenga que usar las manos.

Un modo de alentar el interés de un bebé es proporcionándole alternativas razonables a ciertas actividades; por ejemplo, un niño que ha estado mirando un libro con la educadora, puede mostrar también interés en mirar y sujetarlo él solo. La mayoría de los libros no son lo suficientemente fuertes para soportar ser «leídos» por bebés solos, pero un catálogo viejo de papeles pintados es ideal para ese propósito.

6. Los materiales de juego deben ser versátiles, es decir, deben prestarse a una variedad de usos. Al crear un proyecto de centro, la educadora debe seleccionar una serie de juguetes con diferentes usos. Al mismo tiempo, al escogerlos uno por uno, los mejores son los que sirven para varios usos. El ejemplo más claro es una colección de bloques de colores en madera; los niños los pueden coger, mirar, juntar, morder, tirar, apilar, esconder, echar y sacar de un recipiente. Se puede comparar la gran utilidad de estos bloques para un grupo de bebés de menos de un año, con la televisión musical que vimos con anterioridad.

Sobre los 12 meses, el pequeño se empieza a interesar en echar objetos dentro de recipientes, así que, un buen proyecto debe ofrecerle muchas posibilidades de hacerlo. A esa misma edad, también empieza a descubrir semejanzas y diferencias en todo lo que ve. Una educadora perspicaz, teniendo en cuenta esos dos enfoques, puede utilizar dos botes de café con unas fichas grandes y pequeñas y animarle a que separe unas de otras. Esto le da la oportunidad de practicar esta nueva destreza; lo contrario sucedería si se le diera un solo bote con todas las fichas juntas. Este es el tipo de juguetes que incrementan la creatividad y la participación del niño, en vez de restringirla.

Los bebés tienen un repertorio siempre creciente de cosas para hacer con los objetos que les dan. A muy temprana edad, sólo los miran, después pueden golpearlos, más tarde cogerlos sin mucha firmeza, para afianzarse con las dos manos poco después; cuando se ponen de pie, se los pasan de mano en mano o cogen dos a la vez, los mezclan, se mueven con ellos y los manipulan con facilidad; y la lista podría continuar. Los juguetes deben explotar todas las habilidades que un niño tiene en un determinado nivel de desarrollo. Por ejemplo, un objeto que se mueve fuera de su alcance no es adecuado para un bebé de 4 meses, ya que apenas si ha comenzado a reaccionar activamente ante las cosas.

7. Los juguetes deben ofrecer experiencia de diversos modos. La diversidad de relaciones que un juguete proporciona es importante: un móvil con música, ofrece muchos más tipos de reacciones que otro sin ella; un libro con relieve es más interesante para el pequeño, ya que lo puede tocar, además de verlo; un sonajero transparente, es más atrayente que uno opaco, porque puede ver de dónde viene el sonido.

****

Al adquirir juguetes para un proyecto educativo, debemos tener en cuenta varias consideraciones adicionales, que merece la pena mencionar.

Seguridad. ¿Tiene partes desmontables fáciles de tragar por el niño? ¿Es rompible, de manera que pudieran quedar astillas o trozos de plástico puntiagudos? ¿Es tóxica la pintura? ¿Hay puntas que pueden golpear los ojos o la nariz? ¿Es seguro para que lo utilice un niño solo, o hace falta que alguien le vigile? Por ejemplo, un sonajero de plástico es seguro para un bebé de 3 meses, pero no para uno de 9, al que le están saliendo los dientes y puede morderlo hasta romperlo.

Atractivo. A veces, nos es difícil especificar por qué un juguete atrae a los niños. En principio, uno que sea de muchos colores es más fácil que les llame más la atención. Pero nunca debemos juzgar de antemano que un juguete les va a gustar, sino que les daremos la oportunidad de probarlo y ver cuál es su reacción. Una negativa, o un desinterés inicial no significa la última palabra. La educadora puede retirarlo y ofrecérselo en otra ocasión. Por ejemplo, algunos de los más pequeños se pueden asustar de un juguete que hace ruido por sorpresa, como una de esas cajas con un muñeco dentro, pero unos meses después, ellos mismos disfrutarán con él.

Durabilidad. ¿Está hecho para soportar un trato duro durante un período largo de tiempo? Un juguete que puede durar a un solo niño varios meses, puede sucumbir después de ser el favorito de un grupo.

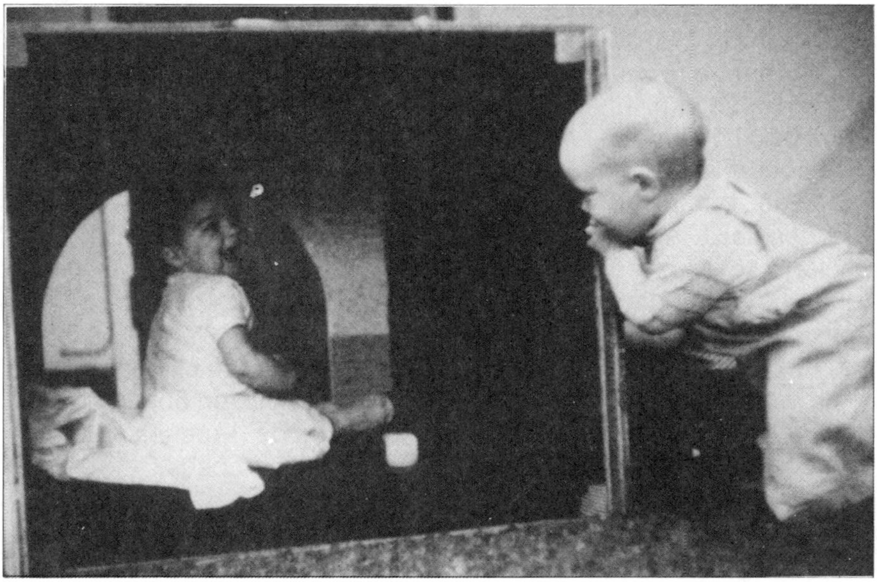

Adecuación a bebés de diferentes edades. En el caso de que el presupuesto sea limitado, se debería considerar y observar cuántos niños de diferentes edades encuentran el material interesante. Por ejemplo, los bloques de un recipiente se pueden utilizar por bebés de más edad, pero también pueden servir para que los muerdan, cojan o golpeen los más pequeños. Los juguetes elegidos con cuidado, pueden servir de una manera simple o compleja, según las edades.

Si un juguete es divertido, es decir, si los pequeños lo pasan bien con él, no hace falta preocuparse demasiado por su valor educativo. Al mismo tiempo, es interesante considerarlo en función de lo que el niño puede aprender de él. Los resultados pueden ser sorprendentes y muy útiles a la hora de seleccionar el material.

INTERACCIÓN ENTRE BEBÉS

Los niños se interesan unos por otros desde muy temprana edad (9). Antes de que se mantengan de pie, e incluso, de que se puedan mover de un sitio a otro, disfrutan mirando a otros pequeños echados o sentados cerca en su sillita. Cuando comienzan a moverse por sí mismos, su curiosidad les lleva a muchos contactos agradables y a otros no tan placenteros al explorarse unos a otros, a veces de forma muy enérgica. Con todo, muchos niños comienzan a relacionarse con otros de forma social muy positiva antes de su primer cumpleaños. Por lo general, estos contactos no son muy prolongados, pero no es raro ver a un bebé intentando que otro le persiga o persiguiéndole él mismo, o a dos riéndose a la vez con su propio juego del cucú-tras, o metiendo por turno cosas en un recipiente. El observar cómo surgen estos primeros comportamientos sociales es uno de los privilegios más apasionantes de las educadoras. Cualquiera de estas que sea sensible a su interés mutuo puede ayudarles a disfrutar unos con otros, creando y participando en juegos en los que tomen parte dos o más de ellos.

Algunos bebés parecen mucho más interesados que otros de su misma edad en jugar con los demás. A diferencia de los niños mayores, con los que el objetivo de la educadora podría ser, en general, la promoción de los contactos, en esta edad deben respetarse las preferencias del pequeño. Mientras que anima a algunos a que jueguen con otros, la educadora tiene también que protegerles cuando la interacción comienza a excederse en brusquedad o energía. Debe asegurarse de que las relaciones que tienen entre sí sean agradables en general.

Los niños pueden empezar a adquirir los modos adecuados de contacto bastante antes de cumplir su primer año. Aprenden en su mayor parte con el ejemplo y la orientación constantes de la educadora. Los bebés de más edad pueden empezar a obtener una sensación más placentera gracias a estos breves encuentros. La educadora también puede guiar el proceso al corregir los comportamientos inadecuados. Por ejemplo, a un bebé que está empezando a tirar del pelo a otro se le coge la mano y se le pone (abierta, por supuesto) sobre la cabeza del otro, moviéndola suavemente mientras se le habla sobre ello. También pueden ayudar los elogios de la amabilidad y de los contactos apropiados. Por el contrario, el uso constante de prohibiciones verbales hace muy poco bien.

La educadora debe mostrarse muy atenta cuando los bebés empiezan a jugar juntos, pero no tiene que estar siempre encima de ellos, ya que a menudo su presencia y atención impiden, más que facilitan, el juego con otros de su edad. En ocasiones, los niños pueden resolver sus desacuerdos sobre la propiedad de los objetos, por ejemplo, y se les debe dar la oportunidad de hacerlo. Pero al mismo tiempo, un bebé inmerso en una actividad solitaria debe poder seguir sin interrupción hasta que lo desee y, para ello, puede que necesite cierta ayuda.

El papel de la educadora es, por tanto, crear las oportunidades de que los bebés interaccionen entre sí, por ejemplo, colocando juntos a los más pequeños sobre una manta con varios juguetes. Cuando son mayores, puede convertirse en árbitro, decidiendo a veces la separación de dos bebés o dando a uno de ellos un juguete distinto. Un tipo de interacción social que debe desaprobar es la burla, que se da a una edad sorprendentemente temprana (sobre los 10 ó 12 meses). Un niño puede conseguir quitarle un juguete a otro, pero en vez de irse a jugar con él a otra parte, parecerá querer lucirlo delante del primero, el cual deseará, sin duda, recuperarlo, aún habiendo renunciado antes a él de buen grado.

Es importante tener suficiente espacio y la estancia acomodada para que los niños puedan salirse del grupo de cuando en cuando. Una habitación pequeña y estrecha en la que los bebés no tienen más remedio que estar juntos la mayor parte del tiempo no resulta propicia para las interacciones agradables. La existencia de suficientes juguetes para todos, y el hecho de tener los preferidos repetidos, evitará algunas situaciones desagradables.

En resumen, la mayoría de los niños disfrutan y aprenden al estar con otros de su misma edad, y un buen proyecto educativo debe ofrecer oportunidades de contactos placenteros para aquellos que muestren interés.

Conclusión

En los apartados precedentes se han expuesto, con ejemplos concretos, un gran número de directrices sobre experiencias lúdicas resaltando especialmente la calidad de las mismas. Sin embargo, el estudio sobre el juego no debe llevar a presuponer que tanto las personas como el ambiente físico deban estar siempre «bombardeando» con información al bebé. A la vez que rico y estimulante, el medio debe ofrecer una atmósfera relajante con posibilidad de ratos tranquilos, momentos de estar solo y otros para «no hacer nada». Este es uno de los puntos considerados en el análisis anterior sobre el principio general de que el niño necesita ser protegido del exceso de estímulos y del desorden (Principio 7, Capítulo Primero). El asunto está también íntimamente relacionado con la exposición ya vista sobre la necesidad de estabilidad y capacidad de predicción en las personas y en el medio, como condición previa para la interacción social efectiva y la exploración activa. En el contexto del presente análisis sobre el juego, la pregunta puede expresarse del siguiente modo: «¿cuánto es demasiado?» (10).

Es cierto que, en un proyecto de educación infantil en grupo, las educadoras deben evitar que ocurran demasiadas cosas a la vez, que los niños tengan que responder a tantas preguntas que esto les agote o disminuya su interés por las actividades que realizan. Ciertamente, se puede decir con gran seguridad que los bebés, durante todo el tiempo que están despiertos, necesitan disponer de una selección de personas y objetos con los que relacionarse. La mayoría de la gente considera muy sencillo saber cuándo un niño pequeño no encuentra suficiente atractivo en la relación con el medio que le rodea. En general, un bebé aburrido se muestra irritable e intranquilo. Pero es mucho más difícil juzgar en qué momento tiene demasiados estímulos: demasiadas cosas con las que debe interaccionar y ante las que reaccionar.

Es imposible establecer de forma categórica cuál es la cantidad adecuada de información que un niño necesita; con frecuencia, la mejor indicación nos la da su propia disposición y estado de ánimo. Si está nervioso, distraído o se relaciona con mucha superficialidad con los juguetes y con las personas, puede ser señal de que se enfrenta con demasiadas cosas o con una en exceso. Por ejemplo, si un pequeño está sentado en una manta con un montón de juguetes a su alrededor y coge uno un rato, cambiándolo por otro sin haber disfrutado del anterior, puede que tenga demasiado donde elegir. De igual modo, si está ocupado con un juguete en particular y la educadora continúa ofreciéndole otros, antes de que pueda aprovechar el anterior, puede que ya no se interese por ninguno, porque no los puede abarcar a la vez. De igual modo, un niño al que le gusta mucho que le sujeten en el aire un rato, se puede poner nervioso cuando se le tiene más de lo deseado.

Aunque mucha gente piensa que los bebés tienen capacidad de «desconectarse» o ignorar los estímulos que les llegan, también hay que preocuparse por la posibilidad de un exceso de incitación. Un bebé que con frecuencia tiene que desconectarse del ruido, es fácil que pierda también el hilo de las experiencias educativas. La sobreestimulación es diferente para cada niño: uno pequeño se asusta ante un ruido inesperado o demasiado fuerte, que otro de más edad encuentra entretenido. Algunos son capaces de trascender estímulos irrelevantes y perseverar en sus propias actividades, mientras que otros están más predispuestos a observar todo e intentar responder. Este último grupo necesita de una mayor protección y de un entorno más tranquilo, ya que tiende a ser excitable y a frustarse cuando sus intentos de responder a todo y a todos se desbaratan. También ésta es una razón por la que una buena educadora deberá conocer el estilo de cada bebé, ya que afecta a su relación con ella. El proyecto del centro debe proporcionar oportunidades diarias para que el bebé esté solo, para que haga lo que quiera y, de esa manera, controle en cierta medida la cantidad de estímulo que desea.

Ya hemos hablado al comienzo del capítulo, en el análisis de la necesidad de un equilibrio entre la variedad y la uniformidad (Principio 4, Capítulo Primero), de que los niños mayores son más libres para crear su propio equilibrio que los más pequeños. De igual forma, los que se mueven por sí mismos controlan mucho más la cantidad y calidad de información a la que están expuestos que los más pequeños. Parece que es fácil que las educadoras «sobrecarguen» a éstos, asumiendo, por ejemplo, que si su manera de explorar es a través de la vista, cuantas más cosas vean, mejor. Y no es así, ya que el pequeño se puede ver sobrepasado ante tanta información. Así mismo, si hay demasiados pájaros, mariposas, campanas o bolas que cuelgan sobre y de su cuna, no mirará al resto de la habitación, por lo que no está explorando la realidad de una manera adecuada.

En este capítulo se ha dado la máxima importancia a la adaptación del marco social y físico a los intereses y el nivel de desarrollo del bebé. Como ya mencionamos en el Capítulo III, hay una serie de consideraciones que llevan a recomendar la planificación del proyecto con los niños de menos de 12 a 15 meses separados del resto, al menos durante una parte del tiempo. Según la experiencia del proyecto educativo de Cornell, las necesidades de los bebés, especialmente las relacionadas con el juego, cambian de forma bastante marcada hacia el fin del primer año. Aunque nuestro proyecto trató más con bebés pequeños que con niños de uno a dos años, resultó obvio que el proyecto general establecido para los de más edad, tendría que ser muy diferente del óptimo para bebés comprendidos entre las 6 y 8 semanas hasta 12 meses; las bases y los principios serían lógicamente los mismos. Muchas de las cosas importantes que se aprenden en el primer año de vida proceden de hechos que ocurren con toda naturalidad en el ambiente que nos rodea: cómo distinguir formas, colores y tamaños, cómo percatarse de que las personas y los objetos a veces desaparecen y vuelven a aparecer, que se muestran diferentes, según como los miremos, pero siguen siendo las mismas personas y objetos, que la gente es divertida y fiable, que algunas de las cosas que el niño hace tienen un efecto en el mundo real, o que algunas palabras se asocian con cosas o acciones particulares; la lista sería interminable. Este tipo de experiencias constituye el principal centro de atención del aprendizaje del bebé en su primer año de vida. Esta es la razón por la que uno de los conceptos básicos de este libro es que cada experiencia que el pequeño recibe es potencialmente una experiencia de aprendizaje significativa. Y está claro que este principio se puede aplicar, no sólo al segundo año de vida, sino también a los sucesivos.

Aproximadamente después del final del primer año, sigue siendo necesario aprovechar los hechos que se producen naturalmente dentro de un ambiente interesante y seguro que anime a la exploración, pero esto ya no basta para conseguir experiencias óptimas de juego y aprendizaje.

El tipo de actividades que a estos pequeños les interesa, y que su desarrollo requiere, son situaciones mucho más individualizadas con adultos. Todavía es importante aprovecharse de las oportunidades que proporciona el aprendizaje espontáneo, pero hay que tener, a la vez, actividades preparadas y estructuradas de antemano.

Cuando, por ejemplo, una educadora y un niño de 6 meses «leen» un libro juntos, ella es la que cuenta la historia, señalando y diciendo algo de cada dibujo. Ocho meses después, con el mismo libro y el mismo bebé, puede identificar alguno de los dibujos más familiares e introducirle en un juego en el que tiene que emparejar objetos y dibujos. Es difícil realizar este tipo de experiencias en un proyecto con bebés de diversas edades, donde, por ejemplo, hay dos educadoras con ocho pequeños que van desde los 3 ó 4 hasta los 15 meses.

Cuando cumplen el año, empiezan a tomar parte en tipos de comportamiento mucho más intencionados, es decir, que son más conscientes de qué es lo que quieren hacer y muestran un especial interés por terminar lo que han empezado. Su atención es más duradera y tienden a enfadarse si se les interrumpe cuando juegan. Mientras que desde los 6 a los 10 meses a un bebé apenas si le importa que le quiten un juguete, cuando tiene 1 año ya es otra cosa. Necesitan la libertad de terminar lo que han empezado y de trabajar sin ser interrumpidos por los más pequeños, que no entienden todavía el derecho a la propiedad. Todo esto es difícil de llevar a cabo en un proyecto con niños por encima y por debajo del año jugando juntos.

Los más pequeños a veces son menos sumisos que los mayores. Aunque se muestran muy interesados y motivados para aprender, su capacidad de estar atentos es muy pequeña, se distraen con facilidad y es difícil que un adulto les pueda mantener alerta en una actividad durante bastante tiempo. De los 12 a los 15 meses, se empiezan a mostrar más «educables», es decir, empiezan a tener un mayor entendimiento del lenguaje, son capaces de comunicarse y comienzan a seguir algunas de las instrucciones que se les dan.

Sea cual sea la edad del bebé y el entorno en el que se encuentre, lo más importante respecto al juego es que tiene que ser divertido tanto para él como para la educadora. Esta tiene que entender las experiencias lúdicas como una oportunidad para establecer la base de que el aprendizaje es algo divertido (Principio 10. Capítulo Primero). Hay cinco formas principales para que el niño vea que aprender es divertido: 1) teniendo sus necesidades físicas y sociales atendidas; 2) dándole la oportunidad de participar en una serie de actividades educativas agradables; 3) observando e imitando a los adultos que disfrutan aprendiendo y lo demuestran de manera que el pequeño lo entiende; 4) recibiendo la ayuda y el estímulo suficiente; 5) elogiándole cuando lo merece.

El juego, tal y como ha sido considerado aquí, representa mucho más que un estímulo congnitivo, juguetes educativos, un *curriculum* del desarrollo, o aprendizaje del niño; pero incluye elementos de todos estos aspectos. Esencialmente el juego es *experiencia*, que cimienta las bases para desarrollar actitudes positivas acerca de las cosas y las personas, así como para entender la forma en que la realidad funciona.

Notas

1. El uso que hacemos de la palabra *juego* en este contexto es más amplio que el que se puede encontrar en la mayoría de los análisis, que se centran primordialmente en las actividades de niños de más edad. Por otra parte, aunque no se consideren por todos como juego, la importancia de las relaciones espontáneas, agradables y exploratorias con el ambiente que le rodea, que nosotros ya hemos puntualizado aquí, se reconoce desde hace algún tiempo y ha sido puesta de manifiesto en muchos análisis recientes, como los citados a continuación:

Stone, L.J., y Church, J. *Childhood and Adolescense,* 3.ª ed. Nueva York: Random House, 1973.

Este libro contiene una visión general bastante buena del comportamiento y desarrollo durante los 15 primeros meses del niño (Capítulos II y III), y desde los 15 meses hasta los 2 años y medio (Capítulo V).

Sutton-Smith, B. *Child Psychology.* Nueva York: Appleton-Century-Crofts, 1973.

Los Capítulos V, VI y VII presentan un valioso resumen del comportamiento y desarrollo del bebé con un breve análisis del papel del juego en el progreso intelectual y sensomotor (págs. 172-175).

Los tres artículos que siguen contienen unos tratamientos más específicos del juego y del aprendizaje relacionados con el desarrollo social e intelectual.

Murphy, L.B. «Spontaneous Ways of Learning in Young Children». *Children* 14 (1967): 210-216.

Murphy, L.B. «Multiple Factors in Learning in the Day Care Center». *Childhood Education* 45 (1969): 311-320.

Saunders, M.M. *The ABC's of Learning in Infancy.* Greensboro, N.C.: Estudio demostrativo de la Universidad de Carolina del Norte, 1971.

2. Weikart, D.P., y Lambie, D.Z. «Early Enrichment in Infants.» En *Education of the Infant and Young Child,* V.H. Denenberg (Ed.) Nueva York: Academic Press, 1970.

«El papel principal del *curriculum* es: 1) concentrar la energía del profesor en un esfuerzo sistemático para ayudar a cada niño en particular a aprender; 2) proporcionar una base racional e integrada para decidir qué actividades se deben incluir u omitir; y 3) suministrar criterios para que otros juzguen la efectividad del proyecto y el profesor pueda ser supervisado adecuadamente. El *curriculum* logrado es el que permite esta estructuración del profesor, por la que puede ser aconsejado en su relación con la teoría que está aplicando por una parte, y en el comportamiento del niño por otra... El proceso de creación y de aplicación creativa de *un curriculum*, no *el curriculum* particular seleccionado o desarrollado, es lo esencial para el buen funcionamiento.. En un sentido casi romántico, el interés humano de las educadoras y del resto del personal es la clave del éxito del proyecto... en resumen, un *curriculum* es más importante por las demandas que tiene sobre las personas que trabajan en el proyecto, que por lo que en realidad da a los bebés en términos de contenido». (Págs. 89-90).

3. Las siguientes referencias generales son consideradas válidas en los modelos de crecimiento y desarrollo infantil:

Church, J. *Three Babies: Biographies of Cognitive Development.* Nueva York: Random House, 1966.

Historia de la vida de tres bebés desde de su nacimiento hasta los 2 años, basada fundamentalmente en los informes de sus madres, con comentarios de un psicólogo infantil.

Gesell, A., y cols. *The First Five Years of Life.* Nueva York: Harper, 1940.

Tratamiento clásico del desarrollo normal infantil por un pediatra pionero en este tema.

Stone, L.J., y Church, J. *Childhood and Adolescence* 3ª ed. Nueva York: Random House, 1973.

Sutton-Smith, B. *Child Psychology.* Nueva York: Appleton-Century-Crofts, 1973.

También hay una referencia en el Apéndice B de un esbozo detallado que indica la edad aproximada en la que aparecen varias señales del desarrollo infantil durante los 2 primeros años. En el Apéndice F se puede encontrar una lista más breve de estas marcas, que puede ser utilizada por las educadoras para sus propias anotaciones del progreso individualizado de cada niño; este tema está descrito en el Capítulo VIII.

Una visión general muy útil del crecimiento físico y biológico en la niñez, aparece en el siguiente texto:

Breckenridge, M.E. y Murphy, M.N. *Growth and Development of the Young Child.* 8. ed. Filadelfia: W.B. Saunders, 1969.

Véanse especialmente los análisis de la nutrición (Capítulo V); comportamiento alimenticio y evacuación (Capítulo VI); actividad, descanso y sueño (Capítulo VII) y desarrollo físico (Capítulo IX).

4. Una de las mejores fuentes de información sobre el desarrollo en el primer año de vida, con un interés especial en las diferencias individuales, lo tenemos en Brazelton, *T.B. Infants and Mothers*. Nueva York: Delacorte Press, 1969.

5. Existen muchas sugerencias de actividades adecuadas para los bebés de distintas edades. Una de las mejores está en el Capítulo IV: «Activities for Infants», págs. 49-72, en *Day Care 2: Serving Infants.* (Véase Huntington y cols., Introducción, nota 3.)

6. Hunt, J. McV. *Intelligence and Experience*. Nueva York: Ronald Press, 1961.

Hunt, J. McV. «The Epigenesis of Intrinsic Motivation and the Fostering of Early Cognitive Development». En *Current Research in Motivation,* R.N. Haber (Ed.) Nueva York: Holt, Rinehart, & Winston, 1966. También en Hunt, J. McV., *The Challenge of Incompetence and Poverty.* Urbana, Ill.: University of Illinois Press, 1969.

7. Pekarsky, D., Kagan, J., y Kearsley, R. *Manual for Infant Development:* Inédito. Dirección del autor: Dr. Jerome Kagan, Department of Social Relations, Harvard University, Cambridge, MA 02138.

Los autores describen un proyecto de actividades basado en la importancia de dar al niño la oportunidad de trabajar con contradicciones de las expectativas y variaciones en sus tareas diarias.

8. Tronick, E., y Greenfield, P.M. *Infant Curriculum.* Nueva York: Media Projects, 1973.

Upchurch, B. *Easy-to-do Toys and Activities for Infants and Toddlers.* Para pedidos The Infant Care Project, The University of North Carolina at Greensboro, Greensboro, NC 27412.

9. Unas observaciones recientes han llevado a la conclusión de que el comienzo de la interacción social entre bebés pequeños aparece mucho antes de lo que se pensaba (es decir, antes de cumplir el año). Los siguientes informes que describen varios estudios de las relaciones entre los pequeños en nuestra escuela infantil, ilustran el análisis.

Durfee, J.T. y Lee, L.C. «Infant-Infant Interaction in a Day Care Setting». Trabajo presentado en la asamblea de la American Psychological Association, Agosto 1973, Montreal, Canadá. (Technical Report, Cornell Research Program in Early Development and Education. Ithaca, Nueva York.: Cornell University, Agosto 1973).

Lee, L.C. «Social Encounters of Infants: the Beginnings of Popularity». Documentos presentados en la reunión International Society for the Study of Behavioral Development, Agosto 1973, Ann Arbor, Mi. (Technical Report, Cornell Research Program in Early Development and Education. Ithaca, Nueva York: Cornell University, Agosto, 1973).

10. Los problemas de cómo definir mejor aspectos importantes de la estimulación en el entorno infantil y la determinación de qué niveles y calidad de estímulos pueden considerarse óptimos desde el punto de vista del desarrollo infantil, representan aspectos difíciles que están siendo intensamente considerados y estudiados en la actualidad. Las siguientes referencias ofrecen algunas ilustraciones de estudios recientes, basados en esfuerzos sistemáticos por relacionar las características del entorno social y educativo del bebé con algunos aspectos de su comportamiento y desarrollo.

Lewis, M., y Wilson, C.D. «Infant Development in Lower Class American Families». *Human Development* 15 (1972): 112-127.

White, B.L., y Watts, J.C. *Experience and Environment.* Vol. 1 Englewood Clifs, Nueva York: Prentice-Hall, 1973.

Yarrow, L.J.; Rubinstein, J.L.; Pedersen, F.A.; y Jankowski, J.J. «Dimensions of Early Stimulation and Other Differential Effects on Infant Development». *Merrill-Palmer Quarterly* 18 (1972): 205-218.

(Las referencias contenidas en la Nota 1 de la Introducción también tratan, en parte, sobre este aspecto general del estímulo y primer desarrollo).

CAPÍTULO VI

Ayudar a los bebés en su adaptación

Una buena práctica en la educación infantil puede influir en las habilidades que el niño desarrolla para expresar sus necesidades, captar la atención de los adultos o combatir su frustración. Los dos aspectos más importantes para las personas que trabajan con bebés son el tratamiento efectivo de la inquietud y la ayuda que se les presta cuando ya están preparados para empezar a dirigir su propio comportamiento.

EL LLANTO Y EL TRATAMIENTO DE LA INQUIETUD

La comprensión del llanto y de la inquietud, con el fin de que no se produzca innecesariamente y de reaccionar ante ellos con efectividad, son dos temas que deben tener en cuenta las personas que trabajan con niños muy pequeños (1). La educadora de un proyecto educativo debe planificar y realizar las tareas diarias con el objetivo de potenciar al máximo la felicidad y el bienestar del bebé y minimizar su inquietud. Se han alcanzado relativamente pocos acuerdos en las investigaciones sobre la inquietud en los bebés y la mejor forma de reaccionar ante ella. Algunos estudios muestran que, si respondemos al llanto del bebé cogiéndole, por ejemplo, esto provocará un incremento del mismo con el tiempo, mientras que, si se ignoran los episodios de llanto, éstos irán disminuyendo paulatinamente (2). Otras investigaciones apoyan la conclusión alternativa de que una respuesta rápida y adecuada al llanto, reducirá la frecuencia de la agitación posterior (3). Las personas que más están con niños —padres, educadoras y ayudantes que los conocen bien— también expresan diferentes puntos de vista con respecto a la inquietud y su tratamiento.

Este tema es complicado y la respuesta no está nada clara, al contrario de lo que nos sugieren las dos perspectivas mencionadas anteriormente. El niño llora por muchas razones y éstas van cambiando según va creciendo, por lo que es un asunto en el que la sensibilidad respecto a las diferencias individuales es crucial. La educadora tiene que hacer todo lo posible por entender y anticipar cuándo va a aparecer la inquietud, para poder tener un mínimo éxito ante ella (4).

Nuestra opinión en este punto es que el llanto tiene un significado para el bebé, por muy pequeño que sea. Por tanto, la persona que se ocupa de su cuidado *siempre* debe responder al llanto, fijándose en él, considerando su significado y cómo debería reaccionar y, finalmente, reaccionando. Esto no quiere decir que una buena educadora vaya a responder siempre de inmediato cuando un pequeño llora; puede que decida esperar un rato para darle la oportunidad de tranquilizarse por sí mismo. Además, siempre cabe la posibilidad de que llore, no porque tenga algún problema fisiológico, sino porque quiera que le cojan o simplemente jugar un poco. La educadora tiene que respetar y atender estas necesidades, al igual que lo hace con la alimentación, el sueño o los pañales.

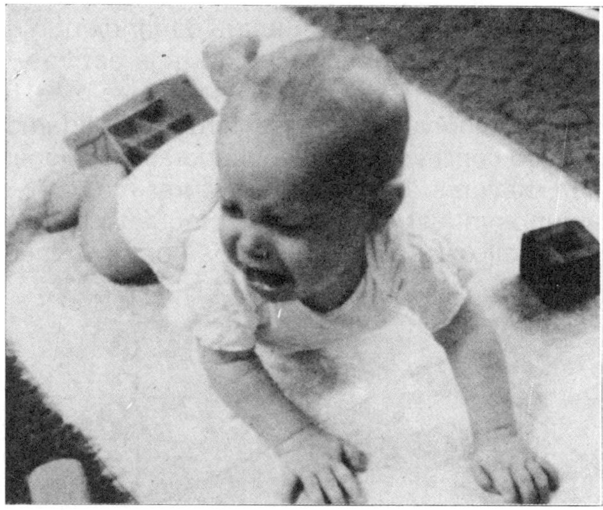

El objetivo de los padres o de las educadoras no es eliminar el llanto, ya que es uno de los primeros y más importantes medios de comunicación y, como tal, continúa siendo efectivo, incluso cuando el bebé ya ha adquirido otras formas de establecer contacto con los demás. El llanto es uno de los primeros métodos que tiene el niño para ejercer un control sobre el mundo (Principio 4, Capítulo Primero) y de aprender que sus iniciativas provocan una reacción en otras personas. Al responder a la inquietud, el objetivo de la educadora debe ser ayudarle a confiar en los demás, hacerle saber que sus necesidades van a ser tenidas en cuenta y que se le responderará y auxiliará cuando lo necesite. Al mismo tiempo, debe alentarle a que emplee sus propios recursos cuando le surjan problemas y situaciones difíciles.

Hay amplias diferencias individuales en la frecuencia, intensidad y causas de la inquietud de los bebés (5). Se puede decir que todos los niños lloran alguna vez y bajo alguna circunstancia, pero no existen llantos determinados para ocasiones especiales comunes a todos ellos. No obstante, se puede afirmar que las educadoras pueden llegar a percibir el significado de algunos tipos e intensidades de llanto en niños concretos que pueden indicar hambre, dolor, un ligero nerviosismo o una débil protesta. Hay grandes diferencias en la forma en que los niños muestran la inquietud, al igual que ocurre con el placer. Por ejemplo, un llanto suave de un pequeño que muy rara vez se enfada, debe ser tenido en cuenta más que uno de la misma intensidad, pero de otro niño generalmente más irritable.

También hay amplias diferencias en la habilidad que tienen para calmarse ellos solos, por lo que el grado y el tipo de atención que se les dedique deben ser distintos. Algunos bebés de menos de 3 ó 4 meses se excitan con facilidad y, por lo general, están siempre muy nerviosos. Pueden necesitar más ayuda directa —se les debe coger en brazos, llevar a otro sitio, o mecerlos— o más indirecta, manteniéndolos en un entorno sereno, equilibrado y predecible. La educadora no se debe preocupar de si está mimando en exceso a un bebé pequeño cuando responde de inmediato a su llanto, porque esta ayuda le evitará llegar a una alteración fuera de control en ese momento y, más adelante, le servirá para desarrollar su capacidad de calmarse por sí solo. Algunos pueden hacer esto y se les debe dejar hacerlo. En cualquier caso, la respuesta de la educadora depende del entendimiento del bebé en particular y de la percepción de la causa de la inquietud. Desde el principio, la manera de reaccionar ante el llanto ayuda a establecer una relación entre los dos.

Causas de la inquietud

No sería realista intentar desarrollar una lista completa de las causas del llanto y de las consiguientes reacciones del adulto, ya que cada bebé es diferente y la respuesta cambiará dependiendo del pequeño y de la situación (6). Según el niño se va haciendo más activo y más enérgico, desarrolla alguna comprensión del lenguaje y se mueve más, las causas normales de la inquietud también varían. Su creciente capacidad de comprensión del mundo social y físico conlleva que las educadoras reaccionen de una manera diferente cuando son mayores. Un niño suele llorar más que nunca en los primeros meses, y algunos muestran una mayor inquietud que otros durante ciertos períodos de desarrollo. Los más pequeños lloran, a veces, cuando no pasa nada y esta falta de razón aparente hace todavía más difícil la reacción de las educadoras; cuando crecen, las causas se hacen más obvias y, aunque lloran con menos frecuencia, cuando lo hacen es con más intensidad y duración.

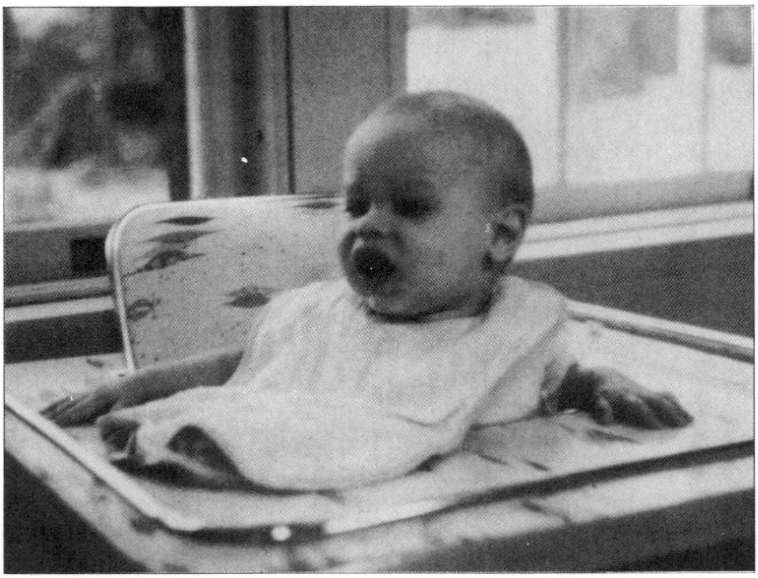

Algunas de las causas habituales de la inquietud en los más pequeños (entre 4 y 5 meses) pueden ser el hambre, el cansancio, los pañales mojados o sucios, dolor (gases, cólicos, salida de los dientes), otros malestares (ropa muy apretada, demasiado calor o frío, o una postura incómoda), aburrimiento (pocas cosas a su alrededor que capten su atención), sobreestimulación (demasiadas actividades en torno suyo), o un cambio repentino (por ejemplo, un fuerte ruido, pérdida imprevista de soporte, luces brillantes, impresión al entrar en el baño, o un movimiento brusco al ser cogido en brazos). Cuando lloran por alguna de estas causas, se les debe atender inmediatamente. La educadora a veces tendrá que responder por prueba y error, aunque conozca bien al bebé. Su conducta debe ser amable y afectuosa de forma deliberada, ya que es fácil que los dos se empiecen a impacientar mientras ella intenta calmarle.

Los párrafos que siguen a continuación, contienen un análisis más detallado de algunas de las principales causas de la inquietud en bebés de menos de 1 año que asisten a un centro de educación infantil.

Primeras frustraciones. Sobre los 3 ó 4 meses, surgen nuevas causas de inquietud. Continúan llorando por las mismas razones de antes, pero al darse cada vez más cuenta de todo lo que hay a su alrededor, parece que son conscientes de lo limitado de sus habilidades. A esta edad ya tienen la capacidad de proponerse unos objetivos más bien modestos como, por ejemplo, seguir un objeto con la vista. La discrepancia entre lo que quieren y lo que pueden hacer, se convierte en una fuente de frustración. Un buen ejemplo de esto convertido en inquietud se da cuando el bebé empieza a intentar coger objetos y, al faltarle precisión, sus esfuerzos se convierten en torpes manoseos. Después de varios intentos infructuosos, algunos se enfadan consigo mismos y comienzan a llorar con energía. En el proyecto educativo de Cornell observamos que ciertos bebés lloraban menos cuando sus aptitudes mejoraban con el tiempo; se mostraban mucho menos irritables cuando empezaban a arrastrarse o a andar bien a gatas. A medida que van siendo capaces de hacer más cosas, su frustración decrece y son más felices. No obstante, cuando el niño es más ágil y emprende un acercamiento al mundo más enérgico y aventurero, se atreve a hacer muchas cosas arriesgadas que le llevarán a situaciones problemáticas. Entonces, son inevitables nuevas frustraciones y, al menos, algunos arañazos y golpes. La educadora le puede ayudar a superar sus limitaciones y, al mismo tiempo, a adquirir una actitud curiosa e investigadora hacia el mundo, ofreciéndole la ayuda adecuada, disponiendo de un entorno con el menor número de riesgos posibles y reaccionando con calma y cariño cuando esté alterado.

A menudo el niño se impacienta con facilidad mientras está aprendiendo algo, como andar o gatear. Su tolerancia hacia la frustración, en la mayor parte de las áreas, parece no existir en el momento en que dirige sus esfuerzos al desarrollo de nuevas aptitudes. Es en estos momentos cuando la educadora debe mostrarse más paciente y servicial.

También se disguntan a muy temprana edad (sobre los 3 ó 4 meses) cuando algo que les agradaba se termina, por ejemplo en el momento en que un adulto deja de estar con ellos o cuando les quitan un juguete. Otras veces, el llanto indica impaciencia, ya que alguna de sus necesidades no está siendo atendida con la suficiente rapidez. Muy pronto pueden comenzar a tener paciencia y a darse cuenta de cómo funciona la realidad. Tiene que haber un equilibrio entre ayudar al bebé, facilitándole la solución de los problemas o alejándole de ellos, y dejarle actuar por sí mismo. Por ejemplo, a un niño enfadado porque no llega a coger un juguete, lógicamente hay que ayudarle poniéndoselo más cerca. Por otra parte, el hacer siempre caso a un niño que no quiere que le dejen en el suelo, después de haber estado en brazos, o que protesta con fuerza cuando se le ha acabado la papilla de fruta, puede favorecer un llanto excesivo para conseguir lo que quiere o simplemente para llamar la atención. Una solución mejor a esta clase de llanto, consiste en distraerle con otra cosa, por ejemplo, dándole un juguete nuevo.

Inquietud a la hora de dormir. Es un caso que se da con mucha frecuencia en algunos niños («La siesta», Capítulo VII). El llanto, o una ligera intranquilidad y el lloriqueo pueden ser los mejores indicadores de que un bebé está dispuesto para irse a dormir. Si no está dormido cuando se le echa en la cuna, puede que llore, quizá con bastante intensidad, antes de conciliar el sueño. Se siente irritado porque le han separado de todas las demás actividades y además está cansado; razones más que suficientes para el llanto. Si la educadora está segura de que tiene sueño, le debe dejar un rato para que lo intente por sí mismo.

Ya que uno de los principales objetivos de la educadora es enseñar al niño a que se calme solo cuando está alterado, en esta situación se dirigirá a él de una manera suave y acariciándole. No se puede establecer un tiempo para dejar que el niño se desahogue llorando antes de intervenir, pues depende del pequeño en particular y de la intensidad de su desazón; pero la educadora que conoce bien a sus pequeños, sabe cuándo llega el momento en que no son capaces de calmarse por sí solos y necesitan ayuda. Puede que para uno sea un período de 5 minutos, o de 15 ó 20 para otro, en especial si el llanto ha sido intermitente.

Cuando los niños tienen entre 9 y 12 meses, suele ser más fácil hacerles dormir, ya que se han acostumbrado a la rutina y parecen aceptarla cuando están cansados. Por el contrario, algunos bebés a esta edad son reacios a perderse lo que está pasando en la sala de juego y es bastante complicado dormirles. En este caso, es necesario un trato firme y cariñoso, pero constante, si la educadora quiere asegurarse de que sus necesidades de sueño están cubiertas. No debe pensar que claudica, cuando tiene que ayudar a un bebé a dormirse, o sacar a otro de la cuna porque no concilia el sueño.

Encuentros desagradables entre niños. Cuando el niño empieza a ir de un sitio a otro, tiene más oportunidades de relacionarse con los demás, y muchas de las situaciones de juego agradables tienen lugar cuando unos descubren a otros. Pero también habrá momentos en que uno molestará a otro, al explorarle con demasiada energía o quitarle un juguete, por ejemplo. La educadora debe utilizar estas ocasiones para enseñarles la manera correcta de relacionarse. En tal situación, ambos pequeños necesitan ayuda, simpatía y guía. Quizá la mejor solución sea separarles, pero también se le puede dar a uno de ellos otra copia del mismo juguete, si ése es el problema. El niño que se encuentra molesto necesita ser confortado, pero el objetivo es ayudar a los dos a comprender su papel social. Puede que ésta sea una buena ocasión para introducir una actividad tranquila o echar al bebé en la cuna, o en el parque con juguetes, para que se relaje y renueve energías.

Respuestas tímidas ante desconocidos. En algún momento después de haber cumplido los 6 meses, el pequeño pasa por un período en el que muestra reacciones negativas hacia las personas que no conoce. Esta etapa debe ser respetada y, en el proyecto educativo, los sentimientos han de tenerse en cuenta en el niño. La educadora tendrá siempre presente la importancia de contar con personas con las que el bebé esté familiarizado y tener cuidado de no exponerle al trato con un excesivo número de ellas que no conoce. Durante el período en el que se muestra especialmente sensible, se mantendrá muy cerca de él e incluso le cogerá en brazos en presencia de desconocidos. Si el pequeño ve a esas personas desde los brazos de su educadora, le resultará mucho menos inquietante que desde el suelo. Es obvio mencionar que tampoco se le debe poteger en exceso de la gente, ya que si se corre hacia él cada vez que viene un desconocido y se hace que éste se mantenga a cierta distancia, o que salga de la habitación, el niño puede aprender que hay que desconfiar de los extraños. Por el contrario, a través de su relación de confianza, la educadora está en una posición excelente para ayudar a que el pequeño empiece a reaccionar de una forma positiva ante los desconocidos (7).

Desorden y cambios excesivos. El llanto puede contribuir a crear la atmósfera en la que se mueve el niño, y también a reflejarla. Una de las causas para tener cuidado con el llanto en un grupo se relaciona con el ambiente general de la habitación: el nivel de ruido, la cantidad de actividades, la tranquilidad o el desorden. Como ya dijimos antes, algunos bebés son más capaces que otros de filtrar las distracciones, los sonidos y las escenas innecesarias que les están afectando. Otros más sensibles, que no se pueden «desconectar» de las distracciones con facilidad, se alteran en seguida cuando ocurren demasiadas cosas a su alrededor. Al planificar el entorno físico y las actividades que realizar, se debe pensar en asegurar unos momentos de calma y serenidad durante el día. Aquellos que se muestran más nerviosos por la excesiva cantidad de acción a su alrededor, deben ser dirigidos a acciones más tranquilas y menos excitantes.

Es de esperar que un niño llore más de lo normal mientras se adapta a un nuevo ambiente con nuevas educadoras y, en buena lógica, esto también ocurrirá después de haber estado fuera del centro durante un largo período de tiempo. Si después de unos días, el pequeño continúa con una gran inquietud y las educadoras no pueden hacer nada por ayudarle, se debe consultar a los padres sobre las posibilidades de hacerle la estancia más agradable (8).

Se han tratado muchas causas de la inquietud, pero todavía quedan pendientes las ocasiones en que, incluso para la educadora experimentada, tanto la causa como la respuesta adecuada a esta inquietud se le escapan por completo, y el origen se atribuye al tiempo atmosférico o a un cambio en la actividad rutinaria. A veces, la causa de la rareza del bebé se aclara unos días después, cuando descubrimos que estaba incubando un enfriamiento, una infección en el oído o cualquier otra enfermedad. En estas situaciones, los padres y las educadoras también pueden ayudarse mutuamente a buscar explicaciones.

Respuestas a la inquietud

Ya se han hecho algunos análisis de las formas en que la educadora puede reaccionar ante la inquietud del pequeño. Tenemos otros dos aspectos más amplios relacionados con este tema: la conveniencia de prestar o no atención en ciertas situaciones y cómo esto afecta al modo en que el bebé utiliza la inquietud para llamar la atención: en segundo lugar, la importancia de dar a los pequeños oportunidades para aprender a calmarse solos.

La trascendencia de una gran cantidad de atenciones personalizadas para el desarrollo y el bienestar del niño ya ha sido subrayada a lo largo de los capítulos anteriores. A la educadora de un grupo se le pide tiempo y energía en muchas ocasiones, y debe vigilar para no atender a los niños sólo cuando lloran; en lugar de esto, tiene que responder a sus intentos de comunicarse y a sus conductas sociales positivas. Ya mencionamos antes que no es nada fácil que el bebé muy pequeño se «malcríe» por recibir atenciones; es decir que si la educadora reacciona pronto y con agudeza a su inquietud, esto le ayudará a desarrollar sus propios recursos más adelante. Pero cuando son mayores, se debe evitar que crean que la manera más efectiva de captar su atención es con el llanto. Mucha gente no está de acuerdo en cuál es el momento en que el bebé llora deliberadamente para conseguir lo que quiere. Es discutible si esto ocurre antes del final del primer año. Con todo, lo que sí está claro es que puede saber desde muy pequeño que el llanto es un buen medio para atraer la atención del adulto. Si no se le da una recompensa para que siga intentando comunicarse (por ejemplo, cogiéndole cuando estira los brazos o sonriéndole cuando él lo ha hecho antes), puede que aprenda a confiar únicamente en el llanto para llamar la atención (comportamiento que muchas personas consideran característico de un niño mimado). También es cierto que algunos bebés parecen necesitar más atención de la que la educadora puede darles. En las situaciones en que ésta cree que sus necesidades han sido satisfechas, incluyendo las de carácter individual y social, podría decidir ignorar la inquietud y ver si la frecuencia con que ésta se manifiesta decrece con el tiempo. Con estos pequeños, la cooperación entre los padres y el personal del centro es esencial si se quieren cambiar los hábitos del llanto del bebé.

Al pensar cómo y cuándo se debe responder a la inquietud, la educadora ha de tener en cuenta la importancia de atender al niño, darle ayuda y apoyo para que sea él mismo el que, poco a poco, aprenda a calmarse; tiene que conseguir tolerar las frustraciones y superar los pequeños enfados sin ayuda. Es difícil, pero conveniente, que la educadora responda con la indiferencia a las quejas de un pequeño sobre una nimiedad, que piensa que puede resolver por sí mismo; esto es un buen método para proporcionarle retos que le hagan desarrollar sus nuevas aptitudes y habilidades.

No todos los niños poseen la misma capacidad para calmar su inquietud. Algunos puedende tranquilizarse relativamente pronto después de haber estado durante un rato enfadados, a pesar de que su inquietud fuera intensa, y se vuelven a meter de lleno en el resto de las actividades como si nada hubiera sucedido. Pero hay otros que, cuando se enfadan, parece que tienen que «vaciarse» llorando, y sus períodos de inquietud son más prolongados y fuertes que los del otro grupo, a menos que un adulto les ayude a tranquilizarse. Algunos sólo necesitan que se les diga algo agradable a distancia, mientras que a otros, en la misma situación, hay que acudir, cogerles en brazos y atenderles más activamente, para que dejen de llorar.

Para responder a la inquietud, lo primero que ha de hacer la educadora es buscar la causa en la situación inmediata. Por ejemplo, puede que el niño se aburra con los juguetes que tiene, que esté en una posición incómoda, que le moleste otro bebé o le hayan quitado su juguete; estas son situaciones fáciles de solucionar. Pero si no hay un motivo claro para el llanto, la responsable debe fijarse en el horario del pequeño, con el fin de ver si hay señales de hambre, sueño o de cambio de pañales. Si su irritación sigue sin explicarse, deberá remitirse al informe de su madre y a las observaciones diarias para ver si le están saliendo los dientes, reaccionando a un medicamento, o puede estar incubando una infección o un resfriado. También puede considerar la posibilidad de que un cambio en la rutina, en casa o en el centro, puede ser la causa de su estado; que añore la presencia de uno de los padres o de la educadora, o, por el contrario, que extrañe a un desconocido.

Las respuestas más normales (y con más éxito) a la inquietud son probablemente funcionales: darles de comer, cambiarles los pañales o darles un juguete cuando están aburridos. En otras ocasiones, la educadora debe calmar primero al niño para que deje de llorar, cogiéndole, cantándole o hablándole suavemente. Algunas veces, la mejor solución para un niño que está llorando sin motivo aparente es cogerle y mecerle, o simplemente cantarle algo y hablarle con cariño. De esta manera, se da cuenta de que alguien se está ocupando de él, lo que le puede hacer olvidar su enfado por un tiempo. Los niños de más edad aprecian las respuestas verbales más que los pequeños; con frecuencia la educadora puede tranquilizar a un bebé un poco mayor con sólo hablarle desde algún punto de la habitación, mientras que los más pequeños quieren además que les cojan o acaricien. La reacción del adulto debe ir de acuerdo con el grado de inquietud: esto es, una situación en la que un bebé está realmente triste o dolido, no es la más propicia para dejar que se calme solo.

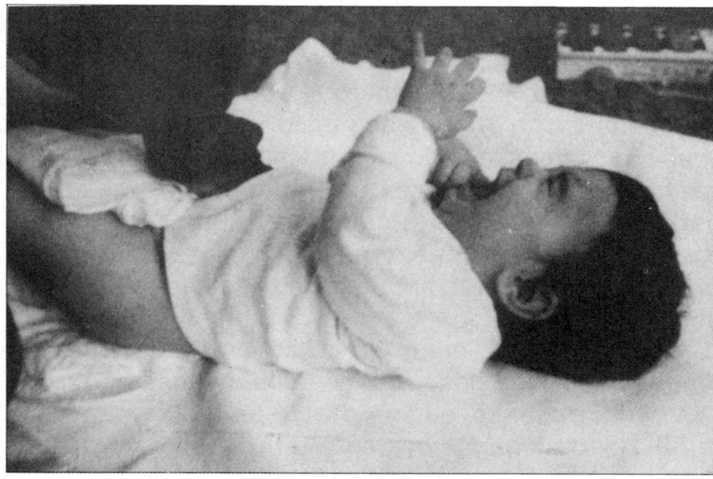

En un proyecto educativo de grupo, la *prevención* de la inquietud debe ser tan importante como el mismo tratamiento cuando ya ha aparecido. Un niño que está molesto contribuye a crear una atmósfera desagradable y a veces tensa para los otros niños y las educadoras, y puede causar más inquietud. La mejor estrategia para prevenirla y mantenerla en un nivel mínimo, es anticiparse a las necesidades antes de que aparezcan, conociendo el horario de los niños y estando atentos a las primeras señales de hambre, sueño e irritabilidad. Existen otras pautas para minimizar la inquietud, que están en relación con otras secciones del libro:

1. Crear un ambiente seguro e interesante que no sobreestimule ni restrinja demasiado.
2. Enseñar a los niños a desarrollar relaciones agradables con los demás, no dejándoles que se hagan daño cuando comienzan a interactuar.
3. Ofrecerles buenas oportunidades para tener éxito.
4. Ayudarles y animarles.

Una norma general es que las educadoras reduzcan al máximo las posibles situaciones de inquietud en la ejecución diaria del proyecto educativo.

Se pueden evitar muchas ocasiones potenciales de inquietud conociendo las limitaciones del bebé, y no suponiendo que su comportamiento es un esfuerzo deliberado por probar a la educadora y por pedir cosas no razonables. Por ejemplo, un niño que, a juicio de la educadora, no tiene por qué tener hambre, se puede sentir muy frustrado si ve que da de comer a otro pequeño delante de él. Si es observadora, más que ignorar el problema o castigarle, le ayudará a hacer la situación más tolerable, proponiéndole otra actividad o permitiéndole que participe en la comida con una galleta o un trozo de fruta, mientras el otro come.

La mayoría de las personas que se ocupan de los niños están de acuerdo en que el tratamiento de la inquietud es uno de los retos más importantes con los que se enfrentan, en parte por lo molesto del llanto; un pequeño llorando tiende a afectar negativamente a cualquiera que le oiga. Un período de irritación y llanto prolongado acaba con la educadora más paciente y comprensiva y, en esos casos, es conveniente sustituirla por otra durante un rato. Debemos recordar que enfurecerse es siempre una respuesta inapropiada al llanto. Castigarle no es nada constructivo y sí puede ser perjudicial. Si una educadora se ocupa de un bebé irritable, que no es capaz de calmarse solo, necesita del apoyo de otras compañeras ante lo que probablemente es el aspecto más complicado de su trabajo.

Por lo general, crear expectativas razonables y amoldar las experiencias diarias al nivel de desarrollo y estilo de cada pequeño, disminuirá las situaciones de llanto innecesario y creará un ambiente más agradable para todos. Ya repetimos muchas veces este tema en el capítulo anterior, donde afirmábamos que los niños muy pequeños aprenden de su enfrentamiento con un número apropiado de desafíos, que los problemas no son resolubles de inmediato. El hacer frente a la frustración y aprender a tolerar retrasos y decepciones son retos que, a veces, llevan al niño a inquietarse. El papel de la educadora, al reaccionar ante estas situaciones, proviene de su obligación de hacer el aprendizaje del pequeño lo más agradable posible, desafiándole al mismo tiempo a que desarrolle sus propios recursos.

COMIENZOS DEL AUTOCONTROL

Hay personas que se sorprenden de que las cuestiones relacionadas con poner límites y el comienzo del autocontrol, o disciplina, sean puntos relevantes en el trabajo con grupos de bebés. No obstante, si uno cree que las relaciones más tempranas del niño con los adultos y con los objetos inanimados le ayudan a aprender algo de sí mismo y del mundo, de ello se deduce que, desde edad muy temprana, es importante que dirija su propio comportamiento de un modo adaptativo. Los términos *disciplina, fijación de límites* y *dirección del comportamiento* son utilizados para transmitir la idea básica de ayudar a los bebés muy pequeños a diferenciar un comportamiento adecuado de otro que no lo es, a percatarse de las pistas que les dan otras personas sobre los efectos que tienen sus actitudes y a dirigir su propia conducta de acuerdo con ello. En el más amplio sentido de la palabra, disciplina implica una enseñanza sensible que proporciona oportunidades para el aprendizaje (9). Y, como tal, muchos de los conceptos mencionados en otros capítulos son válidos aquí.

El campo de la disciplina es uno de los que más puede interesar a los padres. Al mismo tiempo, es una de las áreas donde el equilibrio entre lo que se hace en casa y en el centro es de vital importancia para el aprendizaje del pequeño. No sólo puede haber desavenencias en cuanto a las técnicas de dirección del comportamiento, sino que el problema de cuáles son o no las conductas adecuadas varía mucho dependiendo de las preferencias culturales, el nivel social y las creencias individuales. Todo el personal debe darse cuenta de que éste es un campo en donde la comunicación con los padres es de especial importancia y que ambas partes deben comprometerse.

Hay varios tipos de situaciones que aparecen en el primer año y que requieren que los niños comiencen a dirigir correctamente su propio comportamiento. Primero, al asistir a una escuela infantil, se les ofrece la posibilidad de entablar buenas relaciones con bebés de su misma edad y con adultos. Aprender el toma y daca lógico de cualquier relación interpersonal y los placeres y frustraciones derivados de esa interacción, es una de las experiencias más positivas que un bebé puede obtener de un proyecto educativo de calidad. Un segundo aspecto implica la ayuda que se le ofrece para aprender a esperar, controlar sus impulsos e inhibir su comportamiento cuando la situación social lo requiere. Un tercer incentivo para establecer límites y enseñarle a controlar su comportamiento es el problema de la seguridad: la suya propia, la de los que están a su alrededor y la protección de los objetos materiales. Estas experiencias sólo serán positivas si la educadora comprende las limitaciones de las habilidades del bebé para dirigir su conducta y le anima a que explore con curiosidad y energía su entorno, más que a ser un «niño bueno».

Al imponer restricciones, establecer límites y ayudar a que aprenda a controlarse, debemos guardar un equilibrio con las necesidades que el pequeño tiene de ser animado a que explore todo lo referente a su entorno. Si damos una excesiva importancia al control y le restringimos demasiado, el niño se desanimará en la exploración. *Un adulto que se relaciona con un bebé no se debe preocupar de ayudar a producir «buenos» bebés, sino más bien exploradores activos y curiosos, que vayan hacia las cosas.* Las educadoras no deben preocuparse en exceso por enseñarles a comportarse, aunque los de más edad se muestran más predispuestos a aprender algunos métodos de control. Es importante estar prevenido contra los extremos: ni un excesivo control, ni una total libertad. Hasta ahora hemos subrayado unos límites mínimos que fomenten la exploración en bebés de menos de un año. Esto es sólo adecuado en entornos donde se pueden eliminar los riesgos. No obstante, hay situaciones en las que, debido a la mayor posibilidad de peligro, los padres pueden solicitar que las educadoras se centren más en el aprendizaje de la obediencia, que puede ser necesaria y adaptativa.

De los más pequeños (menos de 6 u 8 meses) no se puede esperar que aprendan inmediatamente a controlar su comportamiento o a obedecer. Con estos siempre, y algunas veces con los mayores también, el punto de vista de la educadora se debe adaptar a la situación, de manera que no requiera por parte del niño un control excesivo sobre sus reacciones naturales. Por ejemplo, la educadora le acerca a uno el lápiz que quiere coger, separa a dos que se están tirando del pelo o distrae a uno que le va a quitar el juguete a otro. Con los niños mayores (de más de 6 u 8 meses), mientras que, a menudo, la educadora consigue, con un simple cambio, hacer la situación más fácil, también tiene que estar muy atenta a que un bebé de esa edad puede empezar ya a aprender algunos controles. Por ejemplo, enseñará un pequeño de 11 meses modos de relacionarse con los demás, que sean mejor aceptados que tirar del pelo. Sobre los 10 ó 12 meses, pueden empezar a entender que su comportamiento pruduce unas reacciones positivas o negativas en los adultos y que deben orientar sus acciones de acuerdo con ello.

Si un centro proporciona un proyecto educativo que está diseñado pensando en los bebés, la mayoría de las prohibiciones y limitaciones tendrán que referirse a las interacciones con otras personas. El entorno físico estará dispuesto de manera que las restricciones en la actividad del niño, debidas a los problemas de seguridad, sean mínimas. Una buena regla general es que las educadoras deben minimizar el número de ocasiones que requieren prohibiciones y restricciones repetidas. Lógicamente, si esta idea se llevara hasta sus últimas consecuencias, significaría que los niños deberían estar felices a cualquier precio. Pero los objetivos de un buen proyecto educativo, mucho más complejos y ambiciosos que mantener simplemente a los niños contentos y ocupados, incluyen el aprovechar las situaciones adecuadas que les ayuden a aprender el autocontrol, a la vez que exploran el entorno. Quizá se entienda esto mejor con algunos ejemplos de formas de reducir la necesidad de las prohibiciones.

- Un bebé de 10 meses está obsesionado con subirse a una mecedora; este deseo excede con mucho sus habilidades. La educadora, que mientras tanto está dando de comer a otro niño, no puede estar con él, ni ayudarle. Lleva al pequeño de 10 meses a otra parte de la habitación, le da un juguete que le gusta y pone la mecedora en otro sitio hasta que tenga tiempo para ayudarle.
- Un niño de 8 meses está muy ocupado con un juguete que resulta ser el preferido de otro, que no resiste ver tranquilamente esta situación y gatea para quitárselo. La educadora, que comprende que la situación es frustante para el segundo niño, aprovecha la ocasión para empezar a jugar con él.
- Un bebé de 7 meses ha cogido una huevera de plástico que los niños mayores usan para meter dentro los cubos y de inmediato comienza a mastiscarla con avidez. La educadora, en vez de quitársela varias veces y animarle a jugar con ella de otras maneras, se la quita y le da a cambio un juguete de goma para que lo muerda.
- Varios pequeños que ya se pueden mover por sí solos, se empeñan en pasar a gatas por una puerta que da a un pasillo en el que nunca han estado. La educadora deberá cerrar la puerta en lugar de esforzarse repetidamente en parar a los niños.
- La educadora está preparando en la habitación la comida para varios pequeños a la vez y emplea mucho tiempo en ello. Un pequeño inquieto de 11 meses se sube a la mesa y trata de tirar los platos y tazas. Ella debe colocarle de inmediato sobre la mesita de comer y darle algo

para que vaya abriendo boca. Tiene que advertir que debería empezar antes a preparar la comida y no esperar que un niño de 11 meses se mantenga tranquilo mucho tiempo una vez que ha visto que la comida se está preparando.

— Dos bebés están juntos en el suelo y uno de ellos, muy irritable, tira del pelo al otro a la menor contrariedad. La educadora intuye que lo que necesita es estar solo y le pone en el parque con juguetes.

El elemento común de todas estas situaciones es que la educadora, atenta a las limitaciones del niño, cambia el escenerario de acuerdo con las necesidades del mismo para hacérselo más tolerable, en vez de esperar un cambio de comportamiento.

En el caso de niños mayores, existen normas generales que ayudan a las educadoras a convertir en experiencia de aprendizaje las situaciones que necesitan un cambio de sus actividades. Si queremos que la educadora ayude al niño a dirigir su propia conducta, sus relaciones con el bebé deben tener un significado muy claro. Por tanto, las largas explicaciones verbales no sirven de nada con los de menos de un año, por ejemplo. Con todo, el simple tono de la voz del adulto puede comunicar la aprobación o desaprobación antes de que entiendan el significado de las palabras. También es necesario que el comportamiento incorrecto sea seguido inmediatamente de las consecuencias que pretenden influir el mismo. Por ejemplo, la separación de dos niños que se tiran del pelo será más efectiva si se hace nada más ocurrir el incidente que si se espera quince minutos. Las educadoras deben estar al tanto de los límites que el niño tiene para comprender sus propias acciones.

La educadora que reacciona enfureciéndose ante un bebé nunca tiene razón. Aunque su irritación sea comprensible en determinados momentos, es importante que no reaccione ante el niño de forma que refleje claramente un fuerte enfado (como algo distinto de la irritación o la impaciencia) y le provoque inquietud o miedo. Los castigos físicos, como los azotes, pellizcos o tortazos, son con total seguridad inapropiados e innecesarios, y pueden ser perjudiciales.

Hay que señalar que algunos comportamientos indeseables en los niños mayores, para los bebés son formas normales de explorar y curiosear. Cuando empiezan a moverse de un lado a otro, sienten curiosidad hacia los demás, no como personas sino como objetos interesantes. A veces esa exploración es vigorosa, dolorosa o, cuando menos, irritante para el otro bebé. El tratamiento que la educadora haga de estas situaciones les va a afectar en el sentimiento de su propia persona, el trato con los demás y su idea de la exploración. Se debe asumir que los pequeños nunca hacen daño intencionadamente.

También hay que reconocer que no tienen la noción del derecho de propiedad, ni tampoco nacieron con la idea de lo que es compartir; por eso cogen los juguetes de los demás. Cuando un bebé de menos de 10 ó 12 meses lo hace, y a la «víctima» no le importa, es mejor que la educadora no intervenga. Según crecen y toman conciencia de la existencia de los demás, o cuando uno de ellos protesta, deberá intervenir para corregir y ayudar a que aprendan a relacionarse de una manera agradable para todos.

A veces, una educadora decide, en una determinada situación, que es mejor no intervenir de inmediato para darles la oportunidad de resolver la situación ellos mismos. Pero solamente lo debe hacer en unas circunstancias en las que esté segura de que ninguno va a sufrir daño, aunque esto es, a menudo, difícil de predecir.

Incluso a los más pequeños se les puede enseñar a tocar y sentir a los demás de un modo cariñoso. En vez de quitarle la mano del pelo del otro bruscamente, la educadora debe cogerle la mano y mostrarle cómo acariciarle diciendo algo como: «eso es, hazlo con cuidado». No debe desanimar al niño a relacionarse con los demás. Por ejemplo, a un bebé que quiere quitarle un juguete a otro, le puede dar otro igual y, en ocasiones, bastará con esto. La idea es que la educadora ayude a que se resuelva el problema satisfactoriamente, lo que es más difícil cuando no entienden el lenguaje que cuando ya comprenden el significado de algunas cosas.

En el momento en que han crecido lo suficiente, es aconsejable enseñarles que hay ciertas conductas que no son las más adecuadas y que las consecuencias pueden ser desagradables. Estos resultados (por ejemplo, apartarles temporalmente del juego) se deben ejecutar siempre y con firmeza, pero sin ninguna muestra de enfado. Al mismo tiempo, la educadora debe asegurarse de que no está fomentando o premiando hechos desaconsejables, al prestarles demasiada atención en ese momento u otra cosa agradable. Debe ser lo suficientemente perspicaz para darse cuenta de las situaciones en las que los pequeños la están poniendo a prueba, tomándole el pelo o intentando llamar su atención, y no debe recompensar estas actitudes. Esto se puede evitar prestándoles la atención precisa en otras ocasiones y respondiendo a sus necesidades de un modo rápido y cariñoso.

Las educadoras deben analizar y ponerse de acuerdo sobre las reacciones apropiadas ante las conductas que deben ser desaconsejadas, a fin de que haya cierta constancia. Por ejemplo, si cuando uno le tira del pelo al otro con mala intención se le saca de la sala de juego durante un rato, el bebé acabará sabiendo que las consecuencias de tirar del pelo no son buenas.

Uno de los hábitos en el que tanto padres como educadoras suelen incurrir es el mal uso y abuso general del *no*. Por lo común hay una tendencia a decir *no* demasiado pronto y con demasiada frecuencia, de forma que tiene poco o ningún efecto. A menudo, la educadora ocupada e incapaz de dejar lo que está haciendo e intervenir, le dirá *no* a otro pequeño que está lejos, esperando que se pare; lo normal es que no funcione. Puede que tenga algún efecto con un niño mayor, y sólo si se usa esporádicamente y acompañado de algún tipo de acción directa: corrigiéndole, interrumpiendo la actividad o apartándole de la escena, por ejemplo.

Una buena profesional, siempre debe tener presente que las situaciones en las que se aplica la disciplina son de aprendizaje, y que hacer frente a ciertas frustraciones y tolerar los retrasos es una parte de la experiencia diaria; los bebés de un año ya están preparados para aprender esto. Las educadoras ni pueden, ni deben, responder siempre a las demandas de los bebés inmediatamente, ni darles siempre todo lo que pidan. Por ejemplo, los bebés deben aprender a ver cómo otros comen, sin querer coger la comida. Se puede intentar ayudar al pequeño haciéndole partícipe de una actividad especialmente interesante. No se debe esperar que un niño hambriento observe con paciencia cómo otro come, pero ya que ésta es una situación muy normal, la educadora no debe necesariamente evitar que ocurra. Por el contrario, el adulto le ayudará, quizá buscándole otra actividad alternativa.

Ya hemos dicho en varias ocasiones que la verdadera enseñanza del niño proviene de la comprensión de su desarrollo normal y del conocimiento de los niños individuales. El enseñarles a controlarse no es diferente de la adquisición de otras destrezas. Es importante ver las relaciones del pequeño con el mundo como algo vital en su desarrollo, como una parte de su interés creciente por actuar sobre él y por descubrir cómo funcionan los objetos y las personas, para poder interrelacionarse mejor con todos ellos.

Notas

1. Se puede encontrar un breve, pero muy interesante análisis del llanto en general y, más específicamente, del relacionado con los cólicos, en la siguiente publicación:

Office of Child Development, U.S. Deparment of Health, Education, and Welfare. *Infant Care*. Washington, D.C.: EE.UU. Government Printing Office, 1972. [DHEW Publicación N.° (OCD) 73-15]. Véanse págs. 17-19.

2. Etzel, B.C., y Gewirtz, J.L. «Experimental Modification of Caretaker-Maintained High-Rate Operant Crying in a 6- and 20-week Old Infant: Extinction of Crying with Reinforcement of Eye Contact and Smiling». *Journal of Experimental Child Psychology* 5 (1967): 303-307.

3. Bell, S.M., y Ainsworth, M.D.S. «Infant Crying and Maternal Responsiveness». *Child Development* 43 (1972): 1171-1190.

4. Una de las investigaciones que emprendimos como parte de nuestro proyecto fue un estudio que observó la frecuencia con que se sucedían el llanto y la inquietud en el período comprendido entre octubre de 1972, cuando los niños tenían una media de 4 meses y medio, y julio de 1973, con 13 meses y medio. El ensayo también contiene un análisis de las razones aparentes del llanto y los procedimientos que utilizaron las educadoras para tratarlo.

Johnson, J.E. «Crying and the Relief of Distress in an Infant Day Care Nursery». Technical Report, Cornell Research Program in Early Development and Education. Ithaca, Nueva York: Cornell University, enero 1974.

5. Brazelton, T.B. *Infants and Mothers.* Nueva York: Delacorte Press, 1969.

6. Para una relación detallada de las causas de la inquietud en los bebés, véase:

Spock, B. *Baby and Child Care*. Nueva York: Pocker Books, 1970 (Véase: Llanto, en el índice).

7. Ver Capítulo III, nota 16.

8. Un estudio realizado en nuestra escuela entre 1972-73 indicó la baja frecuencia de angustia en niños de más de 9 meses cuando los padres les dejaban en el centro con la educadora. Estos pequeños habían entrado en el proyecto entre los 2 y los 6 meses, y la reacción a la partida de sus padres era observada dos veces a la semana durante un período de 9 meses (véase el informe de Willis y Ricciuti, Introducción, nota 7). Así mismo, en nuestro estudio experimental del miedo y los lazos sociales (Ricciuti, Introducción, nota 7) llevado a cabo en nuestro grupo de 1971-72, al quedarse solos con la educadora apenas si mostraban angustia hasta los 12 meses de edad, momento en el que aparecían reacciones moderadas, aunque sensiblemente inferiores a las observadas cuando se les dejaba solos con un desconocido. Algunas reacciones de este tipo son más probables cuando un niño entra por primera vez en el proyecto después de cumplir 6 meses, cuando se produce el traslado de un centro a otro, o la ausencia del centro durante un período largo de tiempo. En tales circunstancias, la situación se facilita bastante si padres y educadoras trabajan juntos para tratar el problema adecuadamente.

9. Dos análisis muy buenos sobre la disciplina relacionada con otros tipos de aprendizaje se pueden encontrar en las siguientes publicaciones:

Office of Child Development, U.S. Department of Health, Education, and Welfare. *Infant Care.* Washington, D.C.: U.S. Government Printing Office, 1972 [DHEW Publicación N.° (OCD) 73-15]. (Ver págs. 33-35).

Keister, M.E. *Discipline: The Secret Heart of Child Care.* Greensboro, N.C.: North Carolina Training Center for Infant-Toddler Care, 1973.

CAPÍTULO VII

Los cuidados rutinarios

Una gran parte del tiempo de las educadoras en un proyecto educativo de centro se emplea en cuidados obligatorios de rutina, como alimentar, cambiar pañales y organizar los tiempos de la siesta. Si comprende que tales actividades son potencialmente valiosas como experiencias de aprendizaje para el bebé, la educadora puede aprovecharlas para cumplir muchos de los objetivos requeridos por los pequeños. En los tres apartados de este capítulo haremos referencia a los aspectos más importantes del cuidado durante el primer año de vida (1).

ALIMENTACIÓN

La alimentación es un buen ejemplo de algo que puede ser visto como una rutina o una actividad continuamente obligatoria, pero que sirve a la vez para distintos objetivos (2). Además de satisfacer sus necesidades de nutrición, tal actividad ofrece al bebé la oportunidad de tener a la educadora enteramente para él, de hablarla y de estar cerca de ella. Para los de más edad, ese momento se convierte en la ocasión de descubrir nuevos sabores, texturas y colores, de empezar a aprender nombres de objetos comunes, de dominar la difícil tarea de sujetar una cuchara, maniobrar con ella en el plato, y llevarla en equilibrio desde éste a un objetivo tan esquivo como es la propia boca. Aprender a sujetar el biberón o llegar a dominar la cuchara y el vaso suponen un temprano e importante logro en el esforzado camino que el niño recorre hacia el dominio de su propio mundo. Una adecuada conducción de tales intentos de control por parte de los responsables de su educación sienta la base de las actitudes generales hacia el ensayo de cosas nuevas, la persistencia en los empeños, el éxito y el fracaso.

Para cualquiera que tenga experiencia con bebés resulta obvio que la forma de alimentación cambia drásticamente a lo largo del primer año. Los tranquilos momentos de cercanía al bebé soñoliento, cuando se le da el biberón, dejan pronto paso a otros mucho menos serenos, pero más interesantes, cuando se le empieza a dar alimento sólido ya sentado en su sillita. Al final, el niño ya tiene mucha de la responsabilidad de su propia nutrición, actuando en ocasiones con más entusiasmo que habilidad. Durante la segunda mitad del primer año, estos momentos se convierten en situaciones sociales con respecto a otros niños, la ocasión de hablar y sonreír a los demás, y tal vez de compartir la comida. Todo esto ha de ser visto por la educadora como una completa gama de oportunidades para realizar fructíferas experiencias.

Relación con los padres

En el tema de la alimentación es fundamental conocer lo que ha ocurrido en el hogar, sea cual sea la edad del niño. Si la educadora sabe cada mañana cuánto y qué ha comido, tendrá una idea aproximada de cuándo volverá de nuevo a tener hambre y así podrá interpretar mucho mejor las señales del niño. Puede ser útil mantener cerca de la zona de comer una lista de los alimentos que cada bebé puede tomar, con cualquier otro tipo de información especial al respecto: preferencias especiales o rechazos, alergias, etc. También es preciso llevar un registro diario de cuándo, qué y cuánto come cada bebé, para informar a los padres al final de cada jornada. La introducción de nuevos alimentos ha de hacerse normalmente en el hogar antes que en el centro, y este es uno de los puntos concretos en los que existe el derecho por parte de los padres a tomar la decisión sobre los posibles cambios. La cantidad y tipo de comida para cada bebé concreto deben ser determinados por sus padres, aunque éstos pueden solicitar la colaboración del personal antes de decidirse al respecto.

Algunos padres pueden tener preferencias especiales sobre la alimentación, debidas a causas culturales o religiosas; esas prácticas deben ser respetadas y para ello será preciso explicarlas a las educadoras con el fin de que no dejen de llevarlas a cabo. En el caso de tratarse de alimentos especiales, se puede solicitar que sean los propios padres quienes los aporten. Así mismo, cuando éstos soliciten la introducción de nuevos alimentos, se hará de forma paulatina para así poder aislar la posible causa en el caso de una reacción alérgica. Es necesario también que las educadoras sepan cuándo el niño ha empezado a tomar una comida nueva en casa, para entonces dársela en el centro y estar atentas a las reacciones que pueda provocar; y los padres deben informar al centro de la necesidad de cambios en la alimentación a causa de cualquier pequeña enfermedad.

Los datos que los padres proporcionan, así como las señales que suministra el propio bebé y sus horarios habituales, son los que determinarán el momento en que la educadora se encargará de darle la comida, según un enfoque de la cuestión que podríamos llamar *horario modificado según las demandas*. Al igual que ocurre en otras áreas de la educación, anticipar el hambre y alimentar al niño antes de que se altere, convertirá este momento en algo relajado y agradable. Las señales que dan los más pequeños para indicar que están hambrientos puede ser el llanto o el nerviosismo (especialmente cuando el pequeño acaba de despertarse o se le ha cambiado el pañal), chuparse los dedos o las manos, o simplemente hacer movimientos de chupar con la boca. Otros de más edad son menos sensibles al hambre: también lloran, pero, si pueden, irán hasta donde otro está comiendo para mirar, llorar o intentar que comparta el alimento con ellos. Lógicamente, los horarios de comidas pueden sufrir alteración debido a otras causas que las simples del tiempo que llevan sin comer; por ejemplo, un bebé al que le están saliendo los dientes puede sufrir una pérdida parcial o total del apetito; un niño que está dando un estirón de crecimiento puede igualmente necesitar mayor cantidad de alimento de la normal, o que se le proporcione con mayor frecuencia.

Es fácil que en los proyectos educativos en grupo aparezca el hábito del mal uso de la comida, al emplearla como uno de los principales medios de apaciguar a los bebés y aliviar algo la tensión. Ciertamente, dar de vez en cuando una galleta o el biberón para consolar o confortar a un pequeño resulta una solución muy efectiva, ya que comer es una experiencia agradable para la mayoría de la gente de todas las edades, pero el empleo constante de ese remedio con niños que en ese momento no tienen hambre puede provocar consecuencias de comportamiento fijo no deseables.

La hora de comer: el bebé y la educadora juntos

La alimentación de los bebés sin una planificación adecuada puede resultar algo caótico, desordenado y desagradable para todos, especialmente en un proyecto educativo de grupo. La mejor medida de previsión puede ser la propia conciencia de la importancia del ambiente; si es posible, se debe dar de comer a los niños en un lugar relativamente tranquilo, en especial a aquellos que se distraen fácilmente con lo que ocurre alrededor. Además, la educadora puede atender mejor al bebé si no tiene que estar constantemente vigilando la habitación. Como ocurre con otros aspectos de la educación infantil, la satisfacción que la educadora obtiene de la acción de alimentar puede contribuir a que ésta sea una experiencia agradable para el bebé; si ella lo enfoca de un modo positivo, es más probable que el niño disfrute también.

En el caso de niños pequeños, y cuando uno nuevo se incorpora al proyecto educativo, independientemente de su edad, se consiguen varios objetivos al encargarse una única persona de la alimentación de cada bebé. En general, este arreglo facilita el conocimiento mutuo y la educadora puede aprender más rápidamente cuánto tarda en comer, cuánto come y la forma de ser de cada uno. Para el pequeño, cuanto más tiempo pase de forma agradable con aquélla, mejor y más rápido llegará a conocerla, disfrutar y confiar en ella.

Si es posible, se debe tener en brazos a los niños cuando toman un biberón, aunque puedan sostenerlo con sus manos, ya que ésta es una ocasión de especial intimidad con ellos. No es buena práctica el dejar los biberones en la cuna o apoyarlos sobre la almohada; si los niños comen o beben echados hacia atrás, existe la posibilidad del ahogo. Tampoco es recomendable mezclar comida sólida (con leche) en el biberón, puesto que comerán menos al cansarse antes de chupar. Si en un proyecto educativo no se coge habitualmente a los niños en brazos cuando comen, se debe o bien a que se necesitan más educadoras, o bien hace falta un mayor análisis de la importancia del contacto próximo entre adultos y bebés.

En un proyecto educativo de grupo es probable que los horarios de unos y otros niños difieran lo suficiente como para que nunca tengan hambre todos a la vez. No obstante, una educadora puede alimentar a dos al mismo tiempo, y esto resultará una experiencia agradable para los tres. Lógicamente, el tipo de comida influye en cuantos bebés pueden ser servidos a la vez; es posible alimentar con sólidos a dos sentados en sus sillitas y, cuando ya son capaces de comer ellos solos, se puede atender incluso a más de dos al mismo tiempo.

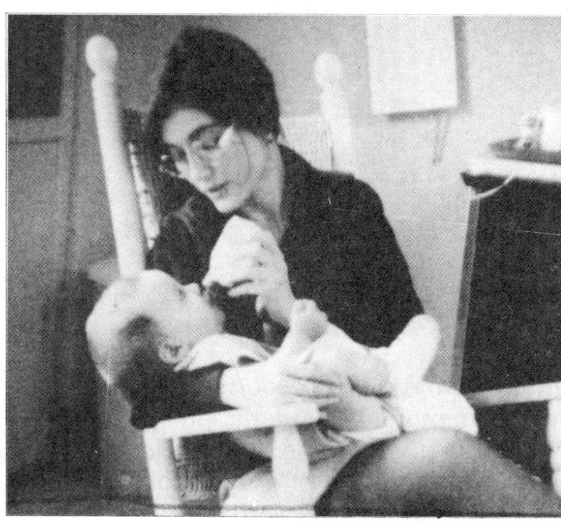

Si un niño rechaza algún tipo de comida en un momento dado, la educadora tomará nota mental de ello y, tal vez, pueda volver a intentar dárselo una o dos semanas después cuando tenga hambre; tiene que dejar al niño la decisión sobre el ritmo al que se ajusta la introducción de los diferentes alimentos y adaptarse a la forma, lenta o rápida, que tiene cada uno para comer. Sobre todo cuando se trata de bebés muy pequeños, esto último forma parte de la atención individualizada; algunos beben rápido y bien, mientras que otros van más despacio y pierden interés o se cansan antes de que hayan tomado lo suficiente, y las educadoras actuarán en consecuencia con ello. El ajuste del tamaño del orificio en la tetina puede ayudar a una alimentación más relajada y, por otro lado, no se debe acelerar a un bebé para que coma más rápido. Algunos pequeños comen «sin tonterías»: es decir, muy rápido y de forma eficiente, e incluso parecen animar a la educadora a hacer lo mismo; otros, en cambio, que también pueden disfrutar de la comida tanto como los anteriores, son más receptivos a la charla y socialización durante esos momentos. Las educadoras deben respetar y ajustar sus formas de actuar a estas diferencias.

A algunos pequeños les gusta «ayudar» en la alimentación, metiendo la mano en la boca cuando está llena y cogiendo o agitando la cuchara, y un pequeño juguete u otra cuchara les puede mantener ocupados. Una educadora exigente en exceso no sirve para darles de comer cosas sólidas, en especial cuando están aprendiendo a hacerlo ellos solos; es muy probable que tanto el niño como la silla, e incluso ella misma, necesiten una limpieza al final de la sesión. La educadora no debe esperar demasiado de la capacidad infantil, y se han de evitar exigencias no razonables de limpieza, atención a lo que se hace y persistencia. Por el contrario, debe poner especial cuidado en crear una atmósfera agradable cuando están aprendiendo a comer sin su ayuda.

Como ocurre en otras situaciones, la educadora debe interpretar los intentos de ayuda o de coger la cuchara como la señal de que ha llegado el momento de que aprenda a comer solo. Para ello se le puede dar otra cuchara y, al final, acabará realizando la difícil tarea de llevarla con comida hasta su boca. Resulta más fácil empezar dándole cosas pequeñas, como trozos de galleta, de zanahoria o guisantes hervidos, pedacitos de queso blando o copos de cereal, puesto que requieren menos coordinación motriz y son más fáciles de manejar que la cuchara. Estos primeros ensayos han de ser recompensados con entusiasmo por la cuidadora, la cual ha de animarle y ayudarle, por ejemplo, a coger la comida con la cuchara, sin insistir en que termine de hacerlo él solo, especialmente cuando está empezando el proceso de aprendizaje. Probablemente es mejor que la educadora no confíe enteramente en los esfuerzos del pequeño para conseguir su propósito, puesto que el proceso puede ser tan difícil para él que se canse y abandone antes de alimentarse en forma suficiente. Un método mejor consiste en darle cosas pequeñas como las antes citadas, que suplementen en cada comida lo que la educadora le da con la cuchara.

Los deseos del niño sobre las comidas han de ser respetados y no se le debe forzar cuando no quiere comer. La educadora debe guiarse por el interés que aquél muestre y, si la falta de apetito dura varios días, los padres han de llevarle al médico. Lo contrario de la afirmación anterior no es cierto: no se debe dar de comer a los bebés cada vez que piden comida. Un niño mayor puede quedarse protestando, aun con la boca llena, cuando la educadora le retira un plato vacío en el que poco antes no cabía la comida; los bebés se pueden también sugestionar igual que los adultos, y en un proyecto educativo de grupo habrá muchas ocasiones en que la vista de otro niño comiendo provocará el deseo de los demás. Los alimentos deben ser administrados con moderación cuando el niño tenga hambre, y no especialmente para apaciguarlo y ocuparlo durante unos minutos, ni para que se sienta mejor.

Cuando han tomado suficiente leche, los bebés normalmente no querrán tener el biberón en la boca y se pondrán inquietos, o bien empezarán a jugar con él; también pueden dejar que la leche se les caiga por los lados de la boca. Una vez calmada el hambre, se pueden quedar dormidos; algunos chupan sólo unos minutos y se duermen un poco para despertarse al cabo de un rato y seguir chupando. Esto se puede evitar conociendo el horario del niño y dándole de comer antes de la hora en que suele dormir. Si se les habla o juega con sus manos o pies, o se les moja la frente con un paño húmedo, es posible mantenerles despiertos más tiempo, pero esto no quiere decir que la hora de comer sea un momento estimulante ni mucho menos frenético, sino que, por el contrario, debe ser relajado y tranquilo. Los niños de más edad no son tan sutiles para decir al adulto que ya no quieren más, y llorarán, tratarán de bajarse o darse la vuelta, escupirán la comida o jugarán con ella, intentarán irse o tirarán el alimento al suelo, o bien se negarán a abrir la boca (¡signos inconfundibles!). En casi todos los grupos de niños es probable que existan problemas con las alergias o sobrepeso de algunos bebés, por ejemplo, y las educadoras pueden ayudar mucho a los padres si les recomiendan discretamente un cambio de dieta o que consulten al pediatra si el problema parece más serio.

Después de comer no viene mal un poco de juego tranquilo, así que se puede dejar al bebé con algunos juguetes sobre la mesa. Se debe evitar llevar a la cama nada más comer a los niños mayores, especialmente a aquellos con propensión a vomitar.

Algunas consideraciones prácticas

Los bebés de más edad suelen querer comer nada más levantarse de la siesta. De cualquier manera, la vista de otro que está comiendo les hace sentirse más hambrientos, por lo que es mejor ser capaz de alimentar a varios a la vez; de lo contrario los niños molestarán alrededor del que está comiendo, pidiendo o cogiendo la comida sin permiso. Hacia el fin del primer año de vida, y a menudo también ya desde los 6 u 8 meses, la mayoría de los bebés toman tres comidas al día, tal vez acompañadas de algo más suave a mitad de la mañana, como una galleta, trozo de queso, zumo o fruta. La norma de no introducir en el centro alimentos nuevos sin consultar con los padres ha de cumplirse también en el caso de los bebés mayores.

Los que sobrepasan los 4 ó 5 meses ya toman con frecuencia alimentos sólidos sentados en la sillita. Estas mesas individuales de comer, que rodean al bebé por tres lados y tienen una superficie plana con un borde levantado, son muy buenas para que tomen alimentos sólidos o que cojan ellos mismos pequeños pedazos de comida. En Cornell se diseñó un sistema de alimentar a varios a la vez, con la ayuda de una simple mesa de comida en grupo que se describe en el Apéndice D; si en el grupo existen algunos que ya comen solos, resulta fácil supervisar la mesa completa. La comida debe ser de un tipo simple y fácil de manejar, y en lo posible todos los bebés deben comer lo mismo, ya que el fenómeno de «lo tuyo es mejor» se cumple exactamente entre ellos.

Si se coloca un plástico bajo las sillitas donde se come, resultará más fácil luego la limpieza. En general, el bebé empezará a beber en vaso con los padres, y han de advertirlo para que se le ofrezca esta posibilidad en el centro. El tipo de vaso que tiene el fondo lastrado y una tapa con boquilla es más manejable y evita mejor los derrames de líquido.

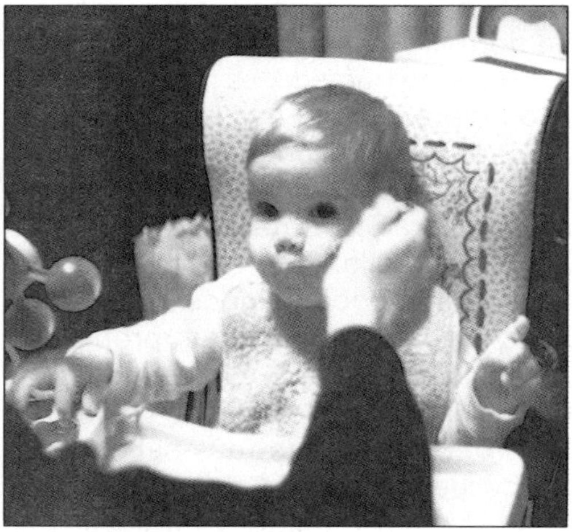

Dado que los tipos de leche y las fórmulas que se utilizan varían mucho de unos niños a otros, puede ser mejor que los padres lleven consigo cada día el propio biberón de su hijo, cuidadosamente etiquetado. Si su profesión y horario lo permiten, se puede arreglar que vengan, *si lo desean*, a dar de comer a su pequeño. En la escuela infantil se pueden guardar frutas, verduras, carne, zumos, cereales, galletas para la salida de los dientes y alimentos de aperitivo apropiados. Cuando hay niños mayores en el proyecto educativo, la variedad de la comida debe ser mayor y hará falta más preparación y planificación previas por parte del personal.

Los problemas relacionados con la alimentación durante el primer año son muy variables. Algunos son de menor importancia y pueden prevenirse con anticipación de los mismos, preparación y cooperación entre el personal y los padres. Comer debe ser algo agradable y por ello si un niño está alterado o no muestra interés por el alimento, la educadora debe ser lo bastante flexible y dejarlo para un momento posterior. Se puede tomar esta decisión después de esforzarse un rato con ciertos bebés, ya que no todos son unos comedores entusiastas; las educadoras nuevas en seguida aprenden formas de hacer más fácil esta labor. Los padres de los niños alimentados al pecho deben darle un biberón por lo menos en una toma diaria varias semanas antes de que asista al centro, para que, cuando esto ocurra, ya se haya habituado, y esto puede ser útil incluso si la madre tiene la intención de acudir al centro para dar el pecho a su hijo. Algunos bebés muestran una preferencia clara por un tipo particular de tetina o biberón, y por tanto beben mucho mejor el zumo o el agua con ellos. Al que rehuse un biberón se le deben ofrecer como alternativa cereales, zumos o fruta (verduras o carne según la edad). A menudo se puede conseguir que una comida nueva, o que al niño no le gusta, sea más apetitosa al mezclarla con alguna de sus favoritas.

No se debe alimentar a los niños directamente del recipiente original en que viene la comida, sino que la porción que se supone que va a comer se pondrá en un plato. De esta forma se pueden prevenir los focos de bacterias y que la comida se estropee; así mismo, la comida que queda en el recipiente puede ser ofrecida a otro bebé. Los tarros de comida abiertos no se deben guardar más de veinticuatro horas, ni siquiera en el frigorífico, debido a la posibilidad de contaminación y deterioro. Todos los biberones, tetinas, cucharas y otros utensilios de comer usados por los niños deben ser esterilizados o lavados en un lavavajillas automático; el uso de recipientes desechables con los zumos asegura mejor la limpieza.

La hora de la comida puede ser uno de los mejores momentos del día para niños y educadoras si se prepara con tiempo y se lleva a cabo de una forma relajada. Algunos expertos en la educación de niños pequeños opinan que durante los primeros 5 o 6 meses de vida esa experiencia es quizá la situación simple más importante que existe para las relaciones estrechas entre el bebé y el adulto y, cuando es agradable, ayuda al primero a confiar en quienes le cuidan. Es en esos contactos cuando el niño aprende por primera vez que existen situaciones fuera de lo común por lo agradables, que hay manera de conseguir que algo suceda, por ejemplo que una persona sonría ante su sonrisa, o responda hablando a sus arrullos o balbuceos. Debemos pensar en la comida como un momento de diversión a la vez que de aprendizaje, ¡aunque sólo sea para ver si un dedo pulgar puede entrar en una boca que ya está llena de guisantes!

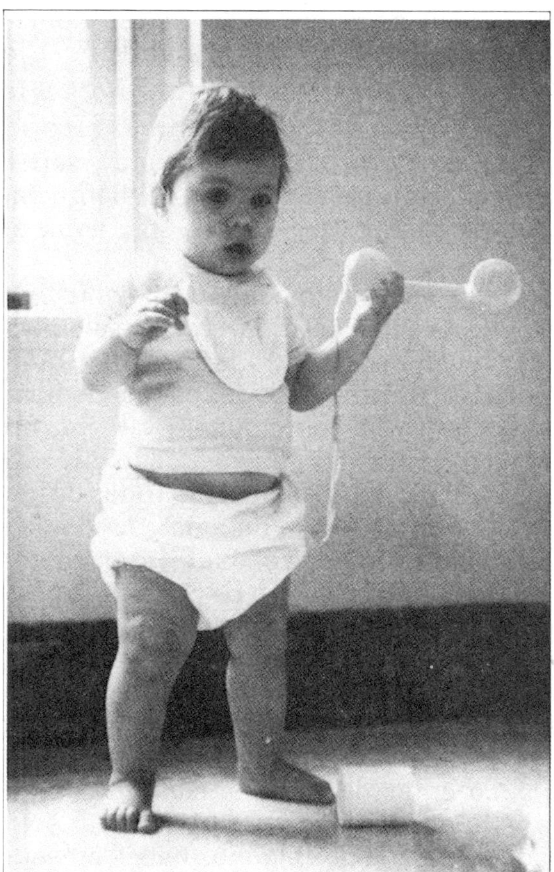

CAMBIO DE PAÑALES

Ésta es una de las actividades

rutinarias que, llevada a cabo adecuadamente, contribuye a la salud y bienestar de los bebés. Se puede realizar como una parte más de las experiencias agradables del niño, o bien tan rápido como sea posible sin darle ninguna importancia especial. Como ocurre con otras acciones diarias, el momento de ponerle un pañal seco, también es una ocasión para que la educadora sonría y hable al bebé. Según van creciendo, los niños prefieren acabar cuanto antes para no perder tiempo de otras actividades que les gustan más, e intentan irse antes de terminar de colocárselo; a veces un juguete en la mano puede hacer más tolerable la operación. La educadora debe ser consciente de cómo está manejando al niño, si su forma es brusca o por el contrario suave y agradable.

Como ya hemos dicho con frecuencia, pueden realizarse muchos juegos agradables y constructivos mientras se efectúan actividades rutinarias. Por ejemplo, en una situación en la que una educadora cambia el pañal de un niño receptivo de 6 meses, se pueden dar fácilmente las siguientes experiencias para el bebé:

- Actividad motriz: dar patadas vigorosamente cuando se le quita la ropa.
- Actividad cognitiva: la cara de la educadora desaparece y vuelva a aparecer detrás del pañal.
- Actividad de lenguaje: la educadora y el niño hablan, balbucean y ríen juntos.
- Actividad social: la educadora le habla, se ríe con él, le toca suavemete, responde a sus sonrisas y balbuceos.
- Experiencia sensorial: el sentimiento de verse libre de la ropa, la sensación suave, fresca y seca cuando un nuevo pañal reemplaza el anterior.

Y, más importante que lo anterior, el tacto suave de la educadora y sentir que una necesidad ha sido satisfecha sin dilación incrementan la confianza del niño en la gente. El proyecto educativo no es algo que sucede sólo *entre* el cambio de pañales y la comida, sino *durante* ellos también.

Los cambios han de hacerse en un único lugar de la habitación: sobre una mesa especial para ello o en una cuna provista de un colchón alto que se pueda secar con regularidad y mantener muy limpio; de lo contrario se transmitirán con facilidad los gérmenes e infecciones. La cuna es un lugar adecuado para cambiar a los bebés de más edad, que son normalmente muy revoltosos; no se debe dejar a ninguno sin atender ni un segundo, por muy pequeño que sea y por muy segura que esté la educadora de que no es capaz de rodar desde la mesa. Por este motivo, es mejor empezar a cambiar a un niño cuando hay otra educadora en la habitación, de forma que se pueda completar rápidamente y sin interrupciones. Tiene que haber un buen suministro de pañales, crema y toallas húmedas cerca de la educadora y fuera del alcance del niño. La costumbre en Cornell era cambiarlos tan pronto como era necesario tras llegar al centro; el pañal que traían se metía en una bolsa de plástico dentro de otra de papel con el nombre del bebé y era colocado en su casillero hasta la vuelta a casa. Mientras estaban en el centro, los niños llevaban pañales de tela (que se limpiaban en un servicio de lavandería) y poco antes de volver a sus casas eran cambiados con pañales desechables. Algunos centros prefieren utilizar sólo el segundo tipo, aunque hay que ser consciente de que algunos bebés presentan reacciones alérgicas a ellos.

Es preciso comprobar si los pañales de cada niño están húmedos al menos cada hora, y también antes de dormir la siesta y tan pronto como se levanten de ella. Los que tienen alguna irritación debido a este problema han de ser examinados aún con mayor frecuencia; hay que lavarlos en cada cambio, y tratar las erupciones apropiadamente, con alguna crema, ungüento, polvos o almidón. Las educadoras deben lavarse las manos antes y después de *cada* cambio de pañales; han de recordarse esto unas a otras, puesto que es fácil olvidarlo cuando varios niños necesitan un cambio a la vez. Cuando los bebés van creciendo, se utilizan dos pañales, con el interior doblado de modo que queden cuatro capas en la parte inferior.

A algunos niños les importa mucho menos que a otros el llevar el pañal húmedo o sucio, pero esto no debe ser una razón para dejarles andar así más de lo necesario. Las educadoras tienen que acordarse de anotar los cambios en las deposiciones, en relación con lo que el niño ha comido y cómo se siente; se ha de tener especial atención a los síntomas de diarrea, tomar precauciones para prevenir su contagio y estar seguros de informar a los padres de cualquier síntoma de posible enfermedad.

LA SIESTA

En un proyecto educativo de centro, las siestas de los bebés han de enfocarse de forma parecida a como se hace con las comidas: es decir, siguiendo un horario modificado según las demandas. Al igual que entonces, las siestas se organizan mucho mejor cuando la educadora conoce el horario del bebé y las señales que éste le envía. Con todo, existen diferencias en algunos aspectos; un bebé que llora porque tiene hambre no suele alterarse más cuando se le ofrece una de sus comidas favoritas, pero un niño nervioso porque tiene sueño a menudo se pone mucho más inquieto si se le echa en la cuna para dormir. Algunos duermen con facilidad y regularmente, pero otros se resisten al sueño desde muy temprana edad. A veces el saber que el pequeño *necesita* dormir es determinante en la actuación del adulto, en mayor medida que si el niño actúa como si *quisiera* dormir una vez echado en la cuna. La mayoría de los más pequeños suelen dormir por la mañana y por la tarde; sin embargo, esto varía mucho de unos a otros y según los días, y muchos dejan la siesta de la mañana antes de cumplir un año. En general, a un bebé mayor (más de 6 meses) no se le debe acostar hasta que no muestre signos de cansancio o sueño.

La variabilidad normal en los horarios y necesidades de los niños para el sueño y el descanso no aconseja tener unas normas rígidas sobre esto para todos los del centro. Existen grandes diferencias, incluso entre niños de la misma edad, en cuánto sueño necesitan y cuándo prefieren irse a dormir, que deben respetarse. La educación individualizada (Principio 1, Capítulo Primero) significa que las educadoras responderán a las necesidades de cada niño según éste las muestre. Sin duda, no es posible que finalmente todos los bebés estén dormidos o por lo menos tranquilos en sus cunas durante un tiempo fijo cada día, pero seguir normas prefijadas en vez de las claves que los pequeños muestran, acaba por socavar la confianza que éstos van poco a poco adquiriendo como personas que pueden expresar una necesidad y obtener una respuesta, con una conducta que afecta a la realidad circundante. Algunos piensan que la resistencia que muchos niños oponen a irse a la cama se debe a que se les ha obligado a permanecer en ella en ocasiones en las que no tenían sueño ni estaban cansados.

Si el proyecto educativo se desarrolla siempre en una habitación —es decir, si los niños duermen en la misma sala donde pasan su tiempo de vigilia—, las educadoras pueden ver la utilidad, tanto para ellas como para los niños, de intentar que todos tengan un horario aproximadamente igual de siestas, de forma que la actividad de la zona no distraiga a los niños que descansan o duermen. También es probable que los niños del mismo proyecto educativo tiendan naturalmente a seguir modelos de sueño parecidos; esto puede favorecer incluso las oportunidades de llevar al grupo completo fuera de excursión, dado que basta con que un solo niño esté durmiendo para que la educadora deba quedarse cuidando de él. Es posible, con todo, que los niños duerman algo cuando salen, en los coches, parques o cunas portátiles. En todos los proyectos se puede conseguir algún tipo de compromiso razonable entre horarios completamente distintos para cada niño y uno rígido para todos. El descanso, aparte de para los niños, es muy importante para las educadoras, pero las interrupciones deben programarse en momentos que no sean sólo los de las siestas. Algunas educadoras se dan cuenta también de que esos momentos en que sólo una parte del grupo está despierto, dan oportunidades únicas para el juego, las relaciones y los períodos tranquilos.

El sueño es un aspecto del proyecto en el que es crucial la continuidad práctica entre el hogar y el centro, y dentro de éste de unos días a otros. La educadora necesita saber siempre cuándo y cuánto ha dormido el niño en casa, para así decidir correctamente el momento en que necesita descansar. La forma de echarle a dormir ha de ser lo más parecida posible a como lo hacen en casa; el objetivo debe ser acostrumbrar a los bebés a que cojan el sueño solos, ya que una educadora que tenga que atender a tres o cuatro no podrá siempre ayudar a cada uno de ellos a dormir. Tampoco es posible efectuar con todos un largo preparativo previo a la siesta, como, por ejemplo, pasear con ellos en brazos durante media hora. También es cierto que los niños varían mucho en sus preferencias para ese momento; por ejemplo, algunos que son especialmente activos necesitan un período de juego tranquilo que los calme antes de relajarse y dormir. Esto se puede conseguir dejándoles jugar tranquilos en el parque, meciéndoles en brazos suavemente, haciendo que tomen un biberón de zumo o bien que lean un libro junto con la educadora. Es posible que todavía sigan despiertos cuando les dejemos en la cuna, pero esos momentos de tranquilidad les habrán servido de transición entre el juego activo y el sueño.

Hay que tener bastante experiencia para saber cuándo hay que empezar a preparar a un niño para dormir, dado que es preciso buscar el momento óptimo antes de que el niño se ponga excesivamente nervioso, pero nunca antes de que haya terminado de jugar. Señales de que tiene sueño son por ejemplo el frotarse los ojos, poner poco interés en el juego, abrazarse al adulto, chuparse un dedo, agachar la cabeza, mostrarse torpe o reducir el ritmo de la actividad, enfadarse con facilidad, o simplemente estar nervioso sin razon aparente.

Al igual que ocurre con las comidas, la situación familiar puede afectar la rutina de la siesta en el centro. La ausencia de uno de los padres o que éstos tengan invitados en casa, puede alterar el horario; la tensión o excitación en uno o en ambos ambientes, o simplemente que le estén saliendo los dientes, harán más difícil la tarea de relajarse y dormir. Por el contrario, una gran actividad física, la incubación de una enfermedad o si el niño está atravesando un período de crecimiento rápido, provocarán mayor cantidad de sueño. Si un niño está alterado, no se le debe dejar en la cuna hasta que no se le haya consolado y confortado; de no ser así sólo se conseguirá enfadarlo en mayor medida. Además, la mayoría no se duerme fácilmente cuando tiene hambre o necesita que se le cambie de pañales.

Es preciso que las educadoras aprendan a no enfocar el asunto de las siestas como una batalla entre ellas y los niños, en la cual habrá un vencedor y un vencido. No deben sentir que han fallado si no consiguen dormir a un niño después de haberlo intentado, sino que habrán de responder con suavidad y dulzura a las distintas necesidades de cada uno en esos momentos, empleando el tiempo que sea necesario para ajustarse a sus costumbres.

Es normal que algunos niños reaccionen con un tremendo llanto cuando se les deja en la cuna para que se duerman y unos difieren mucho de otros en lo que respecta a su habilidad para calmarse tras esta agitación. Es preciso ayudarlos a que aprendan a dormirse, mediante un trato constante e invariable, y dejándoles resolver el problema por sí mismos. No existe ninguna regla fija sobre cuánto tiempo hay que dejar a un niño que llore en la cuna antes de cogerlo de nuevo en brazos y, para ello, es preciso guiarse por el conocimiento que se tenga del mismo. Una educadora que lo conozca bien sabrá en qué momento ha traspasado el punto en que ya no podrá calmarse por sí solo. A menudo resulta más difícil dejarles llorar que ir y sacarlos de la cuna, especialmente cuando hay otros niños durmiendo en la sala. Una forma de conseguir que acepten el sueño y dejen de luchar contra él consiste en adquirir la costumbre de dejar transcurrir el tiempo hasta que estén realmente cansados para acostarse, y luego hacer que ellos se duerman solos; en el caso de los bebés más pequeños será necesaria una mayor ayuda que con los grandes.

Todos los bebés deben tener sus respectivas cunas para dormir cada día. Las de aquéllos con horarios idénticos se pondrán juntas, y si un número grande de bebés está durmiendo al mismo tiempo, se asignará una educadora para que los atienda en la sala de dormir; si no se hace esto, deberá al menos acudir de forma periódica para comprobar que no existe ningún problema.

A veces, un niño que no va a dormir se puede quedar muy tranquilo en la cuna con unos cuantos juguetes, mientras que a otros les gusta tener algo cogido —una manta, por ejemplo— cuando se acuestan. Algunos prefieren el suave sonido de una caja de música, o piden sus chupetes en ese momento. Los bebés más pequeños suelen dormir de media hora a hora y media por la mañana, y pueden volver a hacerlo nada más comer. Según van creciendo (hacia los 6 meses), la siesta de la mañana se va acortando y puede llegar a desaparecer por completo, pero la mayoría sigue durmiendo por la tarde, mucho después de haber dejado la costumbre de la mañana.

Hay que sacar a los niños de la cuna lo antes posible una vez que se han despertado, pues, si se les deja, sólo se conseguirá convertir la siesta en algo desagradable y que se resistan a ella. Si es preciso que permanezcan en la misma

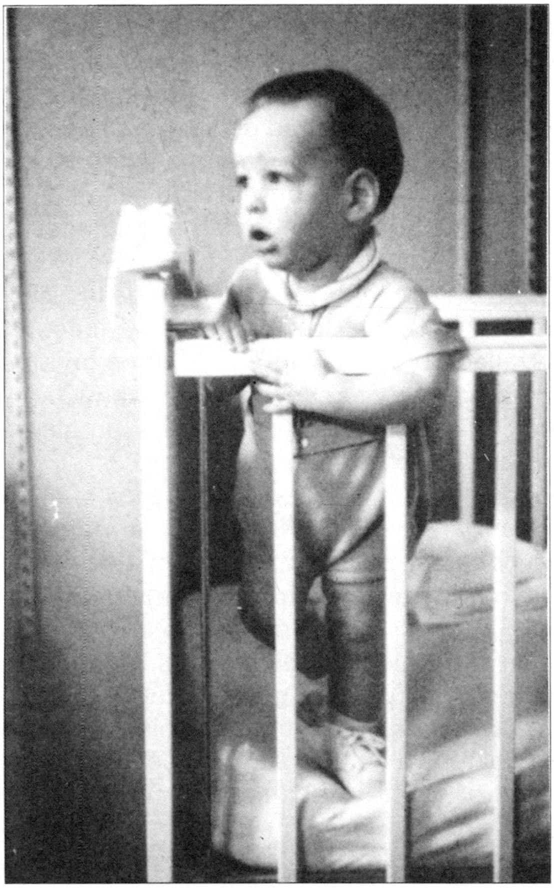

habitación, con otros que todavía están durmiendo, se les puede animar a que juegen sin hacer ruido, y poco después de despertarse habrá que empezar el cambio de pañales. Algunos se despiertan despacio y necesitan una reintroducción gradual a la luz y actividad de la habitación, y se pondrán muy nerviosos si son colocados demasiado bruscamente en este ambiente; por ello es mejor que la educadora les levante y les hable con suavidad, paseándoles en brazos un rato por la habitación de dormir, y sólo después les llevará con los demás niños.

Si las costumbres del sueño se basan en las necesidades y caracteres de cada niño, con la lógica variación entre unos y otros y de un día para el siguiente, entonces se conseguirá que las siestas sean algo natural e incluso agradable, y no una actividad de confrontación.

Notas

1. Hay un buen número de fuentes de información para el tratamiento de las actividades rutinarias en el primer año y medio de vida.

Cohlan, S.Q. *¿Baby Care: a Program for Self-Instruction.* Nueva York: Instructional Materials Laboratories, 1970.

Fowler, W., y Biderman, E. *Developmental Methods for Physical Care Routines with Infants.* Toronto, Ontario: Ontario Institute for Studies in Education 1972.

Office of Child Development, U.S. Department of Health, Education, and Welfare. *Infant Care*. Washington, D.C.: U.S. Government Printing Office, 1972 [DHEW Publication N°. (OCD) 73-15].

Spock, B. *Baby and Child Care.* Nueva York: Pocket Books, 1970.

2. Hemos mencionado antes que este libro no cubre el aspecto nutritivo, ni los problemas surgidos de la alimentación. Algunos proyectos puede que traten de estos temas más detalladamente, puesto que las educadoras deben tener un buen conocimiento de ellos. No obstante, en cualquier escuela infantil la alimentación es importante y las siguientes referencias se ocupan de esta rutina y de la nutrición.

Appalachian Regional Commission. *Programs for Infants and Young Children. Part II: Nutrition.* Washington, D.C.: Appalachian Regional Commission, 1970.

Bogart, L.J.; Briggs, G.M.; y Calloway, D.H. *Nutrition and Physical Fitness.* Filadelfia: W.B. Saunders, 1973.

Este texto, usado muy frecuentemente, tiene un buen capítulo sobre alimentación de niños pequeños (capítulo 20, págs. 457-480). El capítulo también presenta una interesante bibliografía.

Department of Health, Education, and Welfare; Maternal and Child Health Service. *Nutrition and Feeding of Infants and Children Under Three in Group Day Care.* Washington, D. C.: U.S. Government Printing Office, 1971 [DHEW Publicación N.° (HM) 72-5606].

Huntington, D. S. Provence, S.; y Parker, R.K. *Day Care 2: Serving Infants.* Washington, D.C.: U.S. Government Printing Office, 1971 [DHEW Publicación N.° (OCD) 72-8 Véanse págs. 42, 43].

CAPÍTULO VIII

El personal: composición, formación y estado de ánimo

Este capítulo trata del componente más importante de los que determinan la calidad de las prácticas analizadas hasta ahora: la aptitud y motivación de las personas que trabajan en el proyecto educativo. El objetivo último de la formación de educadoras consiste en ayudarlas a ser más eficaces en su trato con los bebés, y para ello siempre hay que tener en cuenta los tres aspectos siguientes, interrelacionados entre sí: 1) generar y mantener el entusiasmo para que proporcionen a cada niño la mejor experiencia posible; 2) ofrecerles la información necesaria que les permita comprender y apreciar mejor a los niños y 3) mantener un ambiente que les incite a aplicar, en su trato diario, los principios del cuidado y la educación de calidad. Por todo ello, los contenidos y métodos del aprendizaje incluirán distintas formas de transmitir habilidades nuevas, de comprender mejor la conducta y el desarrollo de los niños, de hacer las condiciones de trabajo más agradables y de aumentar la ilusión de educar a los bebés. Tal como se entiende aquí, la formación comprende tanto la creación de una atmósfera y una actitud hacia el funcionamiento del proyecto positivas, como un adiestramiento en el sentido más tradicional.

De un modo muy general, el objetivo de la formación de las educadoras es ayudarlas a que apliquen, de un modo natural, los principios expuestos en este libro, la formación del personal debe ser un proyecto continuo, y no unas cuantas sesiones intensivas cuando ha pasado un año o se contrata personal nuevo, puesto que su efecto, por buenas que sean, es sólo temporal. La información nueva e importante se ha de presentar de varias maneras y una y otra vez, si queremos que tenga un efecto duradero en las prácticas educativas. Sea cual sea el tema o la forma que éste adquiera, la formación ha de estar muy ligada a lo que ocurre normalmente en el transcurso del proyecto. Si los temas que sirven para mantener la competencia de las educadoras al día provienen directamente de problemas y cuestiones que surgen del trato diario con los niños, entonces los nuevos datos y sugerencias se pueden aplicar de inmediato y no hay que darlos de lado a causa de problemas más urgentes. Por ejemplo, no será muy adecuado tratar el apego social de los niños a los adultos, y las posibles reacciones negativas ante los extraños, con un personal que trabaja con bebés muy pequeños (de 2 a 5 meses de edad); ese tema tendrá mucho más significado en un momento posterior, cuando algunos niños ya empiezan a reaccionar negativamente ante las personas no familiares.

La primera sección de este capítulo trata de los tipos generales de personal que se necesitan en un proyecto educativo de centro, y se describen sus funciones. Seguidamente, se hará una descripción amplia de la forma y contenido que ha de tener el aprendizaje de las educadoras, tanto de las nuevas como de las ya experimentadas. Un factor muy importante que afecta a la eficacia de las educadoras —y a la del proyecto en general— es su estado de ánimo, puesto que el grado con el que disfrutan trabajando juntas, su satisfacción con las condiciones de trabajo y su nivel de participación en los planes del proyecto educativo contribuyen de forma muy significativa a la calidad total del mismo. Por tanto, la sección final del capítulo se centrará en el estado de ánimo del personal de un proyecto educativo.

Descripción de los niveles del personal

Los tipos de personal empleados en un proyecto de educación infantil dependen de muchos factores: tamaño total del proyecto educativo, financiación y objetivos (1). Un proyecto diseñado para algo más que una educación de calidad —por ejemplo, uno que también incluya el trabajo con los padres en el hogar, la provisión de servicios médicos generales o la ayuda a las familias para acceder a otros organismos sociales— requerirá algunos puestos de trabajo adicionales. Las descripciones que se hacen a continuación de las divisiones del personal no son obligatorias, sino que pretenden indicar categorías generales o capacidades y recursos que son necesarios para que un proyecto educativo de calidad funcione adecuadamente. Las responsabilidades de trabajo que vamos a examinar se podrían haber agrupado de forma diferente: es decir, el director de un centro que atienda a niños pequeños podría también trabajar a tiempo parcial como profesor de las educadoras, o en otras actividades que surjan de su papel como director del proyecto. También es posible emplear como formadores o consejeros técnicos a asesores que no pertenezcan al centro.

Los siguientes puestos de trabajo son necesarios para formar la plantilla de un proyecto educativo de centro:

1. Director de proyecto. Corresponde al director o directora la responsabilidad principal de determinar, con la cooperación de padres y entidades patrocinadoras, la filosofía, objetivos y directrices del proyecto educativo, así como de ponerlos en práctica. Sus principales áreas de trabajo se desarrollan en la contratación y formación del personal y en mantener la calidad del proyecto. Debe poseer una sólida formación sobre educación de la primera infancia y desarrollo infantil (por ejemplo, el equivalente de una licenciatura y experiencia en proyectos educativos con bebés y niños muy pequeños. Tal vez no sea muy realista proponer que todos los centros tengan una persona así al frente, y puede que no sea siempre necesario, pero es crucial que alguien de esas características, aunque no forme parte de su personal, tenga una relación continua y estrecha con cada uno de los centros (dentro de un proyecto educativo más amplio) de toda la ciudad, por ejemplo. El director debe estar familiarizado con los proyectos en los que trabaja y participar activamente en ellos, de forma que no piensen en él como en un consultor que viene periódicamente a comprobar cómo va el proyecto y luego se vuelve a ir. La familiaridad significa conocer el tema no sólo por observarlo y hablar de él, sino por participar en las distintas tareas, por ejemplo realizando labores ocasionales de sustitución de educadoras ausentes.

El director ha de ser responsable de las decisiones más importantes, como es el caso del número de niños que pueden ser atendidos, los presupuestos y las compras principales para el centro (2). También está a cargo de la contratación o despido del personal y de evaluar sus aptitudes y necesidades, sirviendo de forma natural de mediador en los conflictos, atendiendo cualquier problema que no pueda ser resuelto en un nivel diferente; para ello debe trabajar en estrecha relación con la educadora principal sobre las cuestiones de gestión diaria del proyecto.

Uno de los puntos más importantes para el director o directora es no asumir responsabilidades que otros puedan llevar más adecuadamente; se ha de ceder a los miembros del personal, de cualquier nivel que sean, tanta responsabilidad como puedan asumir. Uno de los aspectos que más contribuyen a mantener una buena relación con el personal es desarrollar confianza en ellos y promover su seguridad en sí mismos así como en el director. No se hará sentir a las educadoras como autómatas que sólo llevan a cabo lo que se les ha dicho previamente, sino que, al igual que a otros trabajadores del centro, se les debe animar a tomar decisiones por sí mismas sobre temas que sean de su competencia. Esto les hace el trabajo más interesante y animado, y a la vez su labor es más eficiente, las decisiones se toman con rapidez y los problemas se resuelven.

Durante los próximos cinco años por lo menos, las escuelas infantiles para niños de las edades que nos ocupan en este libro continuarán siendo relativamente raras, y por ello atraerán a muchos visitantes. El director se encargará de hablar con ellos y tomará medidas para que otros miembros del personal conozcan de forma suficiente todos los aspectos del proyecto educativo y puedan mostrarlos a los visitantes y responder a sus preguntas.

2. La educadora principal. Una de las educadoras será nombrada supervisora, lo que incluirá responsabilidades adicionales, aparte de su trabajo habitual. Ella, más que cualquier otro miembro, es la responsable principal del buen funcionamiento del centro todos los días. Es quien ayuda a las otras educadoras a resolver los problemas con los padres —por ejemplo, comprobando que vienen puntualmente a recoger a sus hijos. En un grado mayor que el propio director, está totalmente inmersa en el trabajo diario y puede percibir desde una buena posición la intensidad y necesidades del mismo. En algunos proyectos educativos una única persona podría funcionar como la educadora supervisora asumiendo a la vez muchas responsabilidades de las que vimos que correspondían al puesto de director.

La supervisora ha de tener una gran experiencia en el cuidado de bebés y niños, y ha explicar en la práctica el tipo de trato hacia los mismos que el proyecto intenta alcanzar, y ser capaz de articularlo mediante la enseñanza de las nuevas educadoras. También cumple una función como nexo de unión indispensable entre las educadoras y el resto del personal; trabajará con el director, transmitiéndole las necesidades expresadas por aquéllas o bien las observadas por ella misma. La supervisora tendrá que participar muy activamente en la formación del personal, tal como corresponde a su conocimiento de las necesidades de cada área.

Muchas obligaciones en cuanto a la gestión se pueden coordinar a través de la educadora principal, como las pequeñas compras, los acuerdos con los padres de los niños y otros trabajos necesarios que requieren su tiempo. También puede estar en sus manos la responsabilidad de aprobar la ausencia de alguna educadora, o de encontrar sustitutas en estos casos. Ella deberá ser la que se entreviste con los padres que solicitan plaza para sus hijos, explicándoles el proyecto educativo a fondo, contestando a sus preguntas y siendo responsable, en último término, de su aceptación.

3. La educadora. Dado que el principal tema de todos los capítulos de este libro es la educación infantil de calidad, en este apartado sólo será necesario exponer un breve resumen de los principales aspectos de la cuestión. En primer lugar está, como es lógico, la obligación de cuidar y educar a los niños mientras están en el centro y, para hacerlo correctamente, la educadora debe hablar cada día con los padres, tanto para informarles como para ser informada. Si surgen problemas con algún pequeño o en la comunicación con los padres, puede pedir ayuda a la supervisora o la directora. Las educadoras tienen que construir el entorno diario de la escuela infantil: preparar las bandejas con la comida, recoger los pañales, hacer las cunas, escoger los juguetes y preparar los formularios donde se escribirá la información para los padres. Aunque las obligaciones del personal variarán de unos centros a otros, probablemente será necesario que las educadoras se encarguen también, en alguna medida, de la limpieza al final del día: quitar la ropa de las cunas, ordenar la habitación de juego, lavar los juguetes y cubiertos, y esterilizar los biberones.

Además se ocuparán de comprar la comida y otros suministros de mantenimiento, ya que están más al tanto de las necesidades y, como parte del plan del proyecto, determinarán también si hacen falta juguetes u otras cosas pequeñas, pero que hacen el trabajo y la estancia más agradables para ellas y los bebés; es posible que se encarguen también de comprar o hacer ellas mismas los juguetes. Sin duda, tendrán otras responsabilidades como llevar los registros, elaborar el plan del proyecto o en la formación. En tanto que personas que conocen mejor que nadie lo que necesitan los niños, las educadoras deben sentirse como una fuente vital de energía en el conjunto total del proyecto educativo.

El nivel de formación y de destreza con el que empiezan no es tan importante como su «enseñabilidad», su apertura y deseo de aprender. Todas las capacidades necesarias se pueden aprender mientras se trabaja, si la persona es sensible y está motivada. Las educadoras de Cornell elaboraron una lista de las caracterísiticas que debe tener una educadora, siendo la posesión de algunas de ellas más importante que la experiencia anterior con niños y bebés, por prolongada que ésta sea. Hay que tener en cuenta que ciertas cualidades son de motivación (es decir, que se ha de trabajar para conseguirlas), más que competencias ya conseguidas.

Podemos referirnos a tres tipos de cualidades, en relación con el proyecto, los niños y los padres:

Cualidades necesarias para trabajar en un proyecto de educación infantil

1. Buena salud física y mental.
2. Sentido del humor (hay cosas que sólo se superan riendo).
3. Confianza en sí misma, unida a flexibilidad, capacidad de adaptación, de aceptar y formular críticas.
4. Apertura a las ideas nuevas, motivación para el aprendizaje.
5. Madurez, que significa aceptar el hecho de repetir lo mismo todos los días y al mismo tiempo ser capaz de ilusionarse con pequeñas cosas, de apreciar los pequeños logros.
6. Eficacia y adaptibilidad, ser capaz de trabajar en momentos de tensión, de calmarse en condiciones no muy propicias.

Cualidades necesarias para trabajar eficazmente con bebés

1. Paciencia: a veces los bebés no cooperan demasiado.
2. Conocimiento general sobre los niños y el primer desarrollo infantil.
3. Perseverancia unida a paciencia.
4. Gusto por los niños.
5. Interés por llegar a conocer a cada niño individual.
6. Perceptibilidad, es decir, habilidad para ponerse en el lugar del otro, de ver el mundo con los ojos del niño —lo cual significa comprensión cuando le salen los dientes, por ejemplo.
7. Expresar el cariño de forma que los niños lo aprecien.
8. Creatividad en el juego, siendo capaz de descubrir formas interesantes de mostrar la realidad a los niños.

Cualidades necesarias para trabajar con adultos

1. Respeto y tolerancia ante las diferencias de opinión.
2. Tacto.
3. Aceptación de las cualidades y defectos de los demás.
4. Dedicar tiempo a ganarse la confianza de los padres.
5. Empatía, o la habilidad de entender el punto de vista de los padres o de otras educadoras.

Es crucial que una posible educadora tenga algún tipo de experiencia con bebés, ya que es la única manera de que ella misma sepa si le *gustan* los niños (¡esto no ocurre con todo el mundo!). La educación o aprendizaje recibidos *no* son tan importantes, con todo, como las cualidades que se acaban de citar; las personas con calor humano, que se ilusionan con los niños y están dispuestas a aprender, son las únicas que pueden convertirse en buenas educadoras.

Al pensar en la adaptación de una persona concreta al trabajo de educadora, es importante recordar que un bebé de 8 semanas es muy diferente de uno de 6 meses, el cual a su vez se parece muy poco en muchos aspectos a otro de 12 meses. Todos requieren diferentes clases de cuidado y ofrecen respuestas muy distintas a cambio y, por ello, no todas las personas sirven de igual manera para atender a niños de diferentes edades.

4. La educadora sustituta. Siempre deberá existir alguna persona, disponible en cuanto se la llame, para el caso de enfermedad o ausencia de una educadora. Deberá poseer las cualidades requeridas de una educadora regular y habrá seguido algún tipo de aprendizaje, para que no represente tan sólo un par de manos más en la labor, que es lo que ocurre si no conoce a los niños ni éstos a ella. Así pues, será conveniente que pase algún tiempo con los niños y las educadoras de forma regular (quizá una o dos horas a la semana). Si se llevan a cabo reuniones periódicas del personal del centro, entonces será el momento de que alguna de las sustitutas ayude y al mismo tiempo se familiarice con los niños.

5. Personal sanitario. El personal sanitario debe resultar fácilmente accesible no sólo en caso de emergencia sino para asegurar que se mantienen las normas referentes a la salud y la enfermedad de los niños. Si no se puede disponer de una enfermera permanente en la escuela infantil, aunque fuera a tiempo parcial, se pueden atribuir sus funciones a una de las educadoras, asegurándose de que reciba la instrucción adecuada a ese papel. Lo mejor es que una de ellas tenga experiencia de enfermería, porque ésta ya se relaciona a diario con los niños. La enfermera debe llevar al día el registro sanitario y, si no está de forma permanente en el centro, tiene que enseñar a las educadoras a reconocer los síntomas de enfermedad en los niños y a reaccionar adecuadamente ante ellos. La responsable sanitaria establecerá las normas generales del centro tanto para niños como para el personal, así como los primeros procedimientos de emergencia. También debe enseñar y ofrecer información al personal y los padres, y para ello les planteará temas de análisis y publicaciones al respecto.

Si el centro cuenta con una enfermera de forma regular, bastará con que un médico pueda venir cada vez que se le llame, aunque éste debe familiarizarse con los niños mediante visitas periódicas. Se necesitará su asistencia con menos frecuencia que la de la enfermera, pero, en ocasiones, será obligatorio contar con un médico, el cual también deberá jugar un importante papel en la formación sanitaria del personal.

6. Personal de mantenimiento. Seguramente hará falta alguna persona que se encargue de llevar a cabo los trabajos de mantenimiento más importantes —como limpiar las alfombras, suelos o ventanas—, trabajando de forma temporal. Hay ocasiones en las que, para efectuar algunas pequeñas reparaciones del equipo del centro o para desarrollar alguna idea sobre un juguete nuevo, serán necesarios ciertos conocimientos de carpintería, instalación eléctrica o técnicos en general.

7. Personal administrativo. Esta persona se encargará de llevar la contabilidad, hacer los pedidos, mantener al día los archivos y de cualquier otro trabajo de oficina.

¿FORMACIÓN: ¿QUÉ Y CÓMO?

Ya dijimos que la formación debía ser continua, y que la educación se debía impartir con una actitud creativa y abierta a formas más eficaces. Las consideraciones que siguen se pueden aplicar tanto a las educadoras nuevas como aquellas que llevan ya tiempo en el proyecto educativo.

El tipo de proyecto de formación que se propone es esencialmente informal y, por ello, no sólo incluye sesiones de trabajo planeadas, lecturas y conferencias que ofrezcan información sobre datos concretos, sino que también pone el mayor énfasis en una actitud de crítica, aprendizaje y formación por parte de las educadoras. Para que actúen con eficacia, deben conocer un gran número de datos positivos y poseer ciertas capacidades educativas, pero es igualmente importante su estado de ánimo y el grado de ilusión y entusiasmo que pongan en llevar a cabo sus responsabilidades (3).

Si la atmósfera en la que trabajan no les hace estar a la defensiva sobre su labor, sino que se sienten a gusto hablando de lo que hacen y los problemas con que se encuentran, surgirán de manera informal muchas experiencias de aprendizaje. Además de lo anterior, es necesario que, por lo menos una vez a la semana, las educadoras se reúnan para hablar del trabajo, con referencia especial a niños concretos, puesto que hablando de la forma de ser que tienen, de sus gustos y rechazos, de sus progresos, etc., es como mejor pueden llegar a conocerlos. Cada persona contribuirá desde una perspectiva diferente, y así todos tendrán una mayor sensibilidad hacia el bebé concreto. También deberán existir oportunidades para que las educadoras se enorgullezcan de su trabajo, explicando aquellas actividades que se desarrollaron como esperaban; de esta forma, no les resultará difícil criticar de manera constructiva otros aspectos y planes de su labor que pueden no haber tenido tanto éxito.

Métodos de formación

La mayoría de las experiencias de adiestramiento surgirán ante las educadoras cuando no se están desarrollando las reuniones programadas o las conferencias, y si tratan los problemas y situaciones concretas en el mismo momento en que ocurren, el impacto será mayor que si lo dejan para más adelante. La persona encargada de la formación debe pasar mucho tiempo trabajando y observando, tanto a la educadora como a los niños. La simple demostración de una nueva forma de relacionarse o responder a un niño puede ser o no efectiva, puesto que en la mayoría de los casos la enseñanza se perderá en el ambiente ajetreado que existe en la escuela infantil. Lo que va a quedar en la mente de la educadora puede no ser la posibilidad de una nueva forma de tratar al niño, sino simplemente que alguien la ayudó en un momento de apuro. Aunque quien se encargue de la formación debe tener mucho tacto, un enfoque basado en la idea de que «si llevo la situación de mejor manera, puede que ella capte la insinuación sin que yo le diga nada» es posible que no sirva de mucho. Las sugerencias e ideas deben expresarse de forma explícita, pues sólo entonces se asegura su efectividad. Todo lo anterior no quiere decir que las educadoras no aprendan observando a las demás, ya que, por el contrario, seguramente la mejor forma de aprender es *cuando algo está ocurriendo.* El problema es que enseñar de esa forma no es seguro, puesto que unas veces se conseguirá el objetivo y en otras ocasiones esto no ocurrirá.

Existen algunas normas para asegurarse de que una educadora nueva aprenda mediante la observación del trabajo de otra más experimentada. En primer lugar, la situación debe permitir que la nueva pueda contemplar libremente lo que ocurre; si ya tiene que ocuparse de varios bebés no es probable que tenga tiempo para ver lo que hacen las demás. En segundo lugar, la educadora «modelo» tiene que verse a sí misma como si estuviera enseñando, como si necesitase expresar en voz alta lo que está haciendo. Por último, es preciso poseer un cierto conocimiento general de aquello a lo que hay que mirar; por ejemplo, la nueva educadora debe tener claro que la constancia es una cualidad que hay que fomentar en los bebés, y sólo así podrá darse cuenta de lo que está intentando conseguir otra que juega con un bebé que quiere coger una cosa fuera de su alcance. Muchos de los actos educativos más sensitivos e importantes son muy sutiles y difíciles de captar, y por ello una persona entrenada debe estar presente cuando la nueva educadora está observando para explicarle lo que ocurre. Es vital que se analice y discuta lo observado, si se quiere que forme una parte significativa del proyecto educativo.

Uno de los métodos más eficaces de adiestrar al personal consiste en la discusión informativa. Muchos problemas y temas que surgen en la educación de niños no tienen una respuesta correcta única, y las educadoras pueden no estar de acuerdo en las soluciones que se deben adoptar. Con todo, este hecho puede ser aprovechado ventajosamente, ya que fomentará el respeto por las opiniones ajenas. En tales discusiones, el personal debe conocer con tiempo el tema que se va a tratar, para pensar, e incluso escribir algunas notas, sobre el mismo, en la clara esperanza de que todos contribuirán con alguna idea original. El personal de un centro procederá sin duda de ambientes diversos con distintos niveles culturales, y habrá tenido experiencias diferentes en su trato previo con los niños. La persona encargada del aprendizaje debe crear una atmósfera de diálogo en la cual quede claro que la información basada en la propia experiencia es tan válida y aceptable como la conseguida a través de los estudios académicos o las lecturas sobre desarrollo infantil. En muchas cuestiones de la educación infantil no existen respuestas únicas, con seguridad de que sean correctas, sino únicamente una serie de opiniones distintas.

La discusión tendrá un objetivo y una direción, lo cual será responsabilidad de una persona que la guíe con la suficiente flexibilidad como para cambiar el plan si es necesario, aunque es muy fácil que una conversación sobre niños se aleje del tema central. Es mejor analizar temas desde distintos puntos de vista que tratar simplemente de transmitir información o establecer hechos indudables. También es mejor escoger un tema del que todos conozcan algo o sobre el que tengan alguna opinión. Aunque pueden existir diferencias respecto a las prácticas concretas de educación de los niños, es importante que el personal esté enteramente de acuerdo con la filosofía básica que atañe a su trato con ellos. Sólo así se conseguirá la necesaria continuidad de un día para otro y de una a otra educadora, lo que significa que el niño no esté expuesto a variaciones extremadas en la educación que recibe. Tendrán que darse muchos compromisos individuales para conseguir esa constancia: por ejemplo, las educadoras pueden no estar de acuerdo en cómo reaccionar ante ciertos tipos de alteración, pero es fundamental que el niño aprenda que siempre se actúa de la misma forma. El acuerdo general sobre muchos temas básicos deja todavía suficiente libertad para que cada educadora ejerza su individualidad.

Las reuniones del personal también son una oportunidad para presentar nuevos hechos o revisar temas conocidos por parte de especialistas en la cuestión, tanto del centro como externos al mismo. El establecimiento de un tiempo fijo para el aprendizaje y la discusión de los problemas ayuda a crear y mantener una actitud de formación permamente sobre la educación infantil, y animará a las educadoras a trabajar con la vista puesta en perfeccionarse, cuestionando y haciendo cada vez mejor las cosas.

Otra manera de conseguir lo anterior es proporcionar a las educadoras las lecturas adecuadas y el tiempo y lugar suficientes para que se dediquen a ellas. A menudo, los artículos de periódicos y revistas populares son controvertidos y provocarán la discusión. Para leerlos, pueden aprovechar los momentos de descanso, pero éstos no suelen ser suficientes por esporádicos, demasiado cortos e interrumpidos con frecuencia, lo cual no favorece la concentración en la lectura. Por ello será necesario establecer unos momentos especiales, y luego comentar con los demás y aplicar en la práctica lo leído.

Las visitas a otras instalaciones suelen ser agradables y esclarecedoras, puesto que es muy útil ver otros centros que son similares o muy distintos del propio. Al comparar y contrastar filosofías y prácticas, se adquiere un sentido más firme de cómo es el propio proyecto educativo, al definir e incrementar el sentimiento de identidad con el mismo. Las educadoras difrutan comparando aspectos del trabajo y la rutina diarios y, sin quererlo, adquieren nuevas ideas sobre el tema.

Es preciso dar a las educadoras la oportunidad de enseñar y de ofrecer aprendizaje a otros - a otras educadoras o a personas de fuera (los padres, por ejemplo) ya que es una de las maneras más efectivas de que adquieran conciencia de su experiencia y su aptitud, así como de animarlas a incrementar sus conocimientos.

El contenido de la formación

En cuanto a cuál debería ser el contenido del aprendizaje, la respuesta es que casi todo lo que tenga algún interés. Muchos de los temas son los que se exponen en este libro: los principios y prácticas de una buena educación de los bebés, pero en varias áreas —como nutrición y salud— lo anterior ha de ser complementado con una información más amplia, adquirida en otras fuentes. Por otro lado, la instrucción debe abarcar una serie de temas relacionados: cómo son los bebés, cuál es la mejor forma de cuidar de ellos, qué ha descubierto la investigación reciente sobre el primer desarrollo, cómo un grupo de personas procedentes de niveles sociales, raciales, étnicos, educativos y económicos distintos pueden convivir juntas bien y aprender unas de otras, cómo las prácticas culturales o las exigidas por los padres pueden afectar la conducta de un niño y su posterior desarrollo, etc.

La mayoría de los temas entran dentro de tres categorías principales: 1) desarrollo infantil, 2) comprensión individual de los niños, y 3) rutinas diarias y actividades lúdicas. Ya se ha recalcado en numerosas ocasiones a lo largo de este libro la importancia de que las educadoras conozcan cuál es el desarrollo normal y el curso habitual de los acontecimientos. Esta información no sólo ayuda a relacionarse más efectivamente con los bebés, sino que también les da una visión más aguda, y por ello una mejor apreciación, de las destrezas que van adquiriendo, lo cual a su vez genera mayor interés e ilusión por la labor educativa. El conocimiento de algunos trabajos sobre desarrollo infantil —la investigación y las teorías que están detrás de ella— añade interés a esa labor, incluso aunque no afecte de forma directa a las prácticas diarias. Por ejemplo, una revisión de las diferentes ideas que existen sobre por qué los bebés sienten atracción hacia sus madres, puede no tener ninguna implicación directa en cómo las educadoras tratan a los niños, pero les ayuda a ser más receptivas y les ofrece una visión más profunda del comportamiento infantil.

Si se quiere que las educadoras tengan un trato individualizado con los niños, es absolutamente necesario dedicar un tiempo para hablar sobre ellos. Estas discusiones se pueden ligar con una revisión general del primer desarrollo, según se trate lo que cada niño está haciendo o está a punto de ser capaz de hacer. El punto central del análisis debe evitar que las educadoras piensen en función de cómo cada niño concreto se desvía o no cumple las normas que rigen el desarrollo, sino más bien que agudicen su sensibilidad a la forma de ser y ritmo de desarrollo de cada niño, con el fin de individualizar su cuidado de forma más eficaz y de intensificar su propia evolución (4).

El tercer punto de interés en el aprendizaje se refiere a las operaciones diarias del proyecto, un abanico que cubre un amplio rango de temas, como los aspectos de la nutrición infantil, el arreglo de las habitaciones, las enfermedades más comunes en el primer año de vida, la respuesta apropiada a la inquietud, las ideas sobre nuevos juguetes y juegos, etc. La lista de temas que se prestan a discusión ha de incluir un análisis de los juguetes y su valor para los bebés, cuestiones que surgen en la relación con los padres, qué hacer con un niño que, sin querer, pega a los demás al explorarlos de forma demasiado activa, el uso o mal uso del *no* con los niños, los objetivos que se deben perseguir en la educación infantil, etc.

Como mejor se aprenden las cosas es haciéndolas uno mismo, y esto vale tanto para los niños como para las educadoras. Por ello, el que éstas planeen y realicen algunos de los juguetes y parte del equipamiento cumple varias funciones: 1) añade una dimensión adicional de compromiso a las educadoras, 2) a menudo estos juguetes son más duraderos, interesantes y seguros que los comprados, 3) se puede ahorrar dinero, y 4), como vehículo de la formación del personal, provoca que se proyecten los juguetes para hacer frente a los intereses y habilidades de los propios niños, evitando que se produzca el fenómeno contrario.

Al comienzo del proyecto educativo o cuando se esté formando a nuevas educadoras, es lógico que se traten los temas más básicos, y lo aconsejable es hacer explícitos incluso los aspectos de la educación que parecen más obvios o triviales. Tal vez no sea necesario tratar con detalle aquello que las educadoras ya conocen bien, pero la simple mención de todas las prácticas correctas realza su importancia y les otorga el valor que merecen como algo que es preciso realizar, incluso ante personas con experiencia en el tema. Las sesiones iniciales se referirán a temas como: la alimentación; el llanto y el alivio de la inquietud; la importancia de un trato relajado y constante; la necesidad de afecto por parte de los bebés; las distintas formas de jugar con ellos; y los hitos de desarrollo durante el primer año.

Utilización de este libro en la formación

Como ya dijimos en la introducción de estas normas, la filosofía que subyace al enfoque de los autores es que las educadoras deben ser conscientes de una serie de principios básicos, los cuales están ligados a muchos casos concretos de su experiencia diaria. Los doce principios que constituyen la estructura de este libro son la razón fundamental y la filosofía implícitas en todo lo que se lleve a cabo, tanto con las educadoras nuevas como con las que ya cuentan con alguna experiencia. El objeto de un proyecto de formación es conseguir que ellas adopten estos principios y, todavía más importante, que desarrollen las habilidades y capacidad de percepción que les permitan trasladarlos a su relación diaria con los niños.

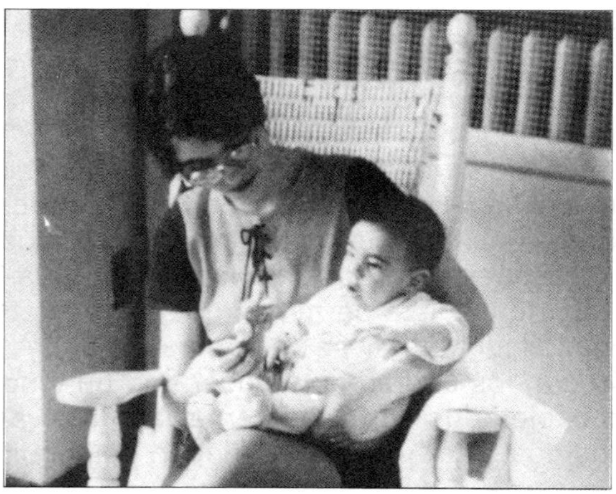

El enfoque general que recomendamos incluye, como primer punto, el adquirir la seguridad de que las educadoras han entendido cómo son los niños en su primer año de vida y cómo se lleva a cabo su desarrollo. Una vez que han adquirido esta base general, se les ofrecerán los principios de este libro, como un contexto al cual ajustar las técnicas educativas concretas que constituyen la parte más importante de su trabajo. Para que se familiaricen con ellos, se les entregará a todas una copia de tales principios.

Además de una receptividad general hacia los niños, una educación de calidad incluye un gran número de habilidades concretas, que han sido apuntadas en este libro; la mayoría de ellas se refieren a la alimentación, limpieza y alivio de la inquietud de los bebés, además de la relación con sus padres. La información que se ofrece aquí, está concebida como un punto de partida, una base para el manejo posterior de otros datos sobre temas concretos, algunos de los cuales se han indicado en las notas de cada capítulo. Como ya se ha dicho, el destinatario de este libro es todo aquél que prepare y trabaje con un proyecto educativo de la primera infancia, y si se considera apropiado, puede ser estudiado directamente por las educadoras; con algunos grupos, los formadores de éstas pueden considerar eficaz que cada una tenga un ejemplar del mismo. El componente más importante de este aprendizaje consiste en que los datos concretos sobre práticas básicas, y la aplicación de las mismas, se articulen con los principios expuestos. Básicamente, esto significa que los principios adquieran un significado de forma *inductiva*. Por ejemplo, no basta con decirle a una educadora que está empezando, que *para los niños, son experiencias de aprendizaje,* así sin más, puesto que no le verá el sentido. Lo que habrá que hacer en un buen programa de formación es que se de cuenta de que al cambiar los pañales, hay que hablar con los bebés, que cuando se les da de comer, hay que aprovechar para que practiquen las habilidades motrices (coger guisantes es un verdadero reto para un niño de 8 meses), que a veces cuando se alteran es mejor esperar a que se calmen por sí mismos, que hay que cambiar la distribución de objetos en la sala para que tengan nuevas cosas y lugares que explorar, etc. Con estos hechos concretos se define mejor que con palabras el significado de que *todas las experiencias son experiencias de aprendizaje*.

Nunca hay que cansarse de repetir la necesidad de vincular los hechos concretos de la práctica del proyecto con la filosofía que hay detrás de ellos. Esa unión sirve a dos propósitos: por un lado, las educadoras se dan cuenta de la importancia de lo que están haciendo y, además, esos principios generarán la aparición de nuevas formas de cuidar mejor a los niños. Uno de los objetivos de la formación de educadoras es que ellas mismas sean capaces de establecer en su interior la ligazón entre prácticas y principios.

Ayudas en la formación

Siguiendo con la idea de que el aprendizaje es un proceso continuo, diremos también que existen ciertas ayudas y procedimientos que sirven para que las educadoras se sensibilicen progresivamente con las diferencias individuales de cada niño. Sugerimos aquí tres formas de crear situaciones individualizadas: escalas de clasificación, una lista de hitos de desarrollo y evaluaciones del progreso. Es preciso indicar que tales recomendaciones no serán realistas en el caso de una escuela infantil con personal mínimo, en el que las educadoras trabajan con niños todo el día y no tienen tiempo fuera del centro para hacer un trabajo distinto, aunque relacionado con el anterior.

La primera ayuda es una serie de escalas de clasificación (Apéndice E) que cubren aspectos importantes de la conducta del niño durante el primer año de vida. Las siete escalas que se siguieron en el proyecto de Cornell se refieren a las siguientes características:

1. Afectividad: el nivel de placer o desagrado mostrado por el niño a lo largo del día.
2. Persistencia: el grado de esfuerzo que desarrolla cuando se enfrenta a algún obstáculo o problema.
3. Nivel de atención: la intensidad de su compromiso con las distintas actividades.
4. Sensibilidad: la mayor o menor facilidad con la que se deja afectar por los cambios en el ambiente.
5. Actividad: su grado de ocupación y el número de cosas a las que se dedica.
6. Tranquilidad y facilidad de consuelo: la mayor o menor facilidad con la que se le calma cuando está inquieto o alterado.
7. Iniciativa en la exploración: la energía con que reacciona ante el ambiente y los objetos; la iniciativa propia.

Éstas son algunas de las aptitudes más importantes en las que los bebés difieren unos de otros durante el primer año de vida, y que determinan cómo deben ser educados. La mayoría de ellas ya han sido referidas en otros contextos, porque afectan a la planificación del proyecto educativo y al cuidado individual. Aparte de su valor como indicativos de los cambios que se van produciendo con el tiempo, como resultado de variaciones en el ambiente del centro o simplemente por las diferencias entre los niños, las escalas dan a la educadora una forma de observarlos, un punto de referencia para llegar a conocerlos. El tener que clasificar a un niño en cada una de esas aptitudes, dos o tres veces por semana, encauza los pensamientos de la educadora hacia esas dimensiones, y pronto contempla al bebé en función de ellas. Si se la deja únicamente con sus propias concepciones, la educadora tenderá a enfocar características más generales y obvias; cada persona concreta escogerá, sin duda, algunas dimensiones sobre las demás, y no existirá una base común para intercambiar información sobre cada niño en concreto.

Las educadoras de Cornell veían muy clara la utilidad de las escalas como una forma de llegar a conocer a los bebés, pero, al cabo de un par de meses, se daban cuenta de que las características contenidas en ellas se habían convertido en una parte tan natural de la forma en que veían a los niños, que ya no resultaban útiles. Pensaban que valorar las escalas no añadía ninguna nueva información, ya que las discusiones en el centro y en las reuniones del personal, siempre giraban sobre las dimensiones del comportamiento contenidas en ellas, y por eso recomendaban que se utilizaran sólo con los niños nuevos durante unas ocho a diez semanas y, por cada nueva educadora, un tiempo similar como forma de canalizar sus ideas acerca de los bebés.

Se puede utilizar de forma eficaz una lista de hitos del desarrollo, junto con evaluaciones de progreso, para ayudar a las educadoras a mantener su sensibilidad hacia el desarrollo de cada niño. La lista de comprobación utilizada en Cornell (Apéndice F) contiene algunos de los principales hitos que se producen durante el primer año y medio de vida. Se pedía a las educadoras que se familiarizaran con ellos y tomaran nota de la fecha aproximada en que se producía la primera aparición y las repeticiones posteriores. Una educadora competente es consciente de la edad aproximada a la que ocurren esas conductas en la mayoría de los bebés y sabe que hay que tomar muy en serio los retrasos exagerados, pero no las ven como algo que hay que conseguir que el niño haga pronto y ni siquiera en el momento preciso, a menos que él quiera llevarlas a cabo.

Estas ayudas deben ser utilizadas con mucha precaución y siempre teniendo en cuenta las diferencias individuales, ya que un entusiasmo bien intencionado por parte de la educadora le puede llevar a dedicar demasiado tiempo a un aspecto particular del desarrollo, descuidando los demás. Muy pocos niños siguen exactamente las normas de la evolución del comportamiento. Por otro lado, las educadoras deben ser sensibles para apreciar el progreso en diferentes aspectos, y no sólo en los más obvios de las habilidades motrices. Aunque se noten menos las habilidades visuales, manipulativas y sociales son igualmente importantes.

Las educadoras deben comprender que la aceleración en un campo del desarrollo no tiene por qué indicar algo raro en otras áreas. *Es también necesario señalar que la aceleración por sí misma —enseñar a un niño de 6 meses algo que la mayoría aprende a los 8, por ejemplo— se puede llevar a cabo, pero no es un objetivo particularmente deseable, e incluso puede carecer totalmente de sentido.* En el momento actual, las pruebas presentadas por investigadores y profesores indican que se pueden compensar muchos retrasos en el desarrollo, pero no se ha demostrado que el desarrollo normal se realice a mayor velocidad de forma significativa o duradera. Esto no quiere decir que todos los pequeños tengan igual potencial de desarrollo. Lo que tiene que conocer la educadora es la fuerza y debilidad de cada uno de ellos, en qué punto del desarrollo se encuentra y hacia dónde se dirige, y lo que los adultos pueden hacer para facilitarle la evolución. Dejar que las educadoras coloquen las normas como algo absoluto que todos deben cumplir, o como ejercicios que deben superar, o dejar que entre ellas exista competencia sobre los niños que primero consiguen tal o cual habilidad, será más perjudicial que beneficioso. Por el contrario, lo que hay que hacer es crear una situación relajada para que el niño realice sus actividades, ayudar a las educadoras a tomar nota de los progresos del bebé y de qué habilidades ha adquirido, de lo que hace en un momento dado que no podía hacer varias semanas antes; y todo esto no puede provocar más que un mayor placer en su trabajo.

También son útiles en algunos centros las evaluaciones del desarrollo, como una forma de encauzar el interés de las educadoras en el progreso de los niños con el paso del tiempo, aunque es preciso utilizarlas con precaución, mediante alguno de los tests normalizados existentes, por parte de un examinador experimentado (5). Con todo, su función en un proyecto como el que aquí describimos no es comparar a unos niños con otros ni estudiar los efectos de la acción del proyecto educativo sobre la evaluación, sino que más bien se puede considerar como otra forma de conseguir que las educadoras conozcan mejor a cada niño, que se concentren en su progreso y en sus virtudes y defectos particulares.

En el proyecto educativo de Cornell, las puntuaciones de los tests nunca se discutían, sino que el examinador utilizaba la sesión para llamar la atención de las educadoras sobre las habilidades de los niños, haciéndoles preguntas que agudizaran su sensibilidad hacia ellos. Las valoraciones no se usaban como diagnóstico, excepto cuando apuntaban indirectamente hacia nuevas formas de jugar con los niños o de darse cuenta de sus capacidades. La responsabilidad por el buen o mal uso de las pruebas descansa sobre todo en el examinador, que interpreta su significado ante la educadora. La situación ideal es cuando el niño y el examinador se conocen entre sí, puesto que entonces no sólo el test se desarrolla de forma mucho más suave, sino que, al conocer al niño quien le evalúa, posee una base más amplia para poder interpretar las respuestas ante cada situación concreta. De nuevo es preciso repetir que el abuso o mal uso de estos tests puede ser muy perjudicial para un proyecto educativo, y por ello se deben realizar con mucha precaución.

La formación de nuevas educadoras

El análisis expuesto hasta ahora ha tratado sobre todo del aprendizaje continuo que es necesario establecer para mantener un proyecto educativo de calidad. Debemos dedicar ahora algo de atención a la formación de una nueva educadora, de alguien que ha tenido muy poca o ninguna experiencia previa con bebés. ¿De qué forma la introducimos en el proyecto, y la ayudamos a hacerse una educadora competente y sensible? El aprendizaje inicial debe tener estos cuatro componentes simultáneos: 1) un cuidado dirigido por educadoras experimentadas, que aceptan su papel y que explican lo que están haciendo, 2) un tiempo para observar el proyecto educativo, en especial lo que hacen las otras educadoras, 3) textos apropiados sobre el primer desarrollo y los proyectos similares, 4) discusiones con el director del centro y las educadoras sobre las premisas anteriores, la filosofía de la educación impartida y los niños en particular. Es cierto que una educadora que esté empezando se verá abrumada por toda la información que necesita conocer y las destrezas que precisa dominar cuanto antes, nada más que para poder seguir trabajando. Es necesario prevenirla de que se va a sentir así, y de que no espere poder funcionar sin ayuda ni sin preguntar muchas cosas durante muchas, pero muchas semanas.

Es muy recomendable que las nuevas educadoras sean contratadas durante un período de prueba y aprendizaje, en el cual puedan decidir si les gusta el trabajo y se observe y evalúe su capacidad. Es imposible saber si alguien va a trabajar bien con niños hasta que no lo hace realmente. Por otro lado, las educadoras pueden desenvolverse mejor en unos grupos de edad que en otros, y esto deberá ser tenido en cuenta al contratarlas y evaluar sus actuaciones. Es crucial que se establezca desde el comienzo una relación abierta y honesta entre todo el personal, para que se pueda crear un ambiente de aprendizaje. No se deben esperar actuaciones totalmente correctas al principio, y las educadoras antiguas han de ser muy pacientes cuando enseñen lo que saben a una persona con menos experiencia. Como los niños no tendrán tanta paciencia sino que, lógicamente, responderán de acuerdo con la habilidad de la nueva educadora, ésta necesitará de toda la ayuda y apoyo instrumental por parte de los demás adultos que trabajan con ella. El director del proyecto (o la supervisora), puesto que actúa en cierto sentido como un monitor —alguien que señala los problemas y sugiere las soluciones— también ha de ser visto como un aliado de las educadoras, antiguas y nuevas, que señala los ejemplos de buen trato a los niños así como los aspectos que es necesario mejorar.

Existe un peligro potencial en el aprendizaje formal, al exponer los componentes de las actuaciones correctas, y es que las educadoras se hagan demasiado auto-conscientes y pierdan su espontaneidad. La formación debe permitir el mantenimiento de las diferencias individuales en el trato infantil y las educadoras deben actuar de forma natural; por ello, no debe existir una mera tolerancia de esas diferencias sino que deben ser incluso fomentadas, dentro de los límites de lo que se considere correcto. Siempre que surja la oportunidad, alguien debería encargarse de hacer ver a las educadoras que muchas de las cosas que ellas hacen de forma espontánea y sin darse cuenta, son precisamente la clase de experiencias más importantes para los niños.

ESTADO DE ÁNIMO

A lo largo de todo el análisis sobre la composición y la formación del personal del proyecto y, de hecho, a través de todo el libro, uno de los conceptos clave que se repite en muchos contextos diferentes es el de *comunicación*: comunicación entre educadoras y niños, entre educadoras y padres, entre unas educadoras y otras. Este tercer tipo de contacto es crítico para que la moral se mantenga alta. El ánimo del personal, en un grado tan importante como su competencia, juega un papel fundamental en la calidad de un proyecto educativo. *Una educadora bien entrenada pero que no está contenta con las condiciones de trabajo ni se lleva bien con otros miembros del personal, o que se siente impotente para influir en las decisiones sobre su trabajo, no es probable que realice una buena labor de educación infantil.* Nadie puede preocuparse de satisfacer las necesidades de unos niños cuando sus propias necesidades no están siendo atendidas. El disfrute —la felicidad— no se puede aprender, pero surge como un sub-producto de la buena comunicación y de estar satisfecho con el propio trabajo. La persona que se encarga de contratar a las nuevas educadoras no puede saber, en la mayoría de los casos, de qué forma se va a llevar una persona concreta con el resto del personal. Cada miembro nuevo de la plantilla tiene que *ajustarse* a los demás, que no es exactamente lo mismo que *llevarse bien;* el ajuste es algo que, como el aprendizaje, se debe trabajar de forma continua. Debido a su carácter impreciso e imposible de enseñar, el estado de ánimo apenas es tratado o incluso ni se menciona en los manuales de adiestramiento de educadoras, pero es tan importante que cualquier análisis de las premisas de un buen proyecto está incompleto sin él.

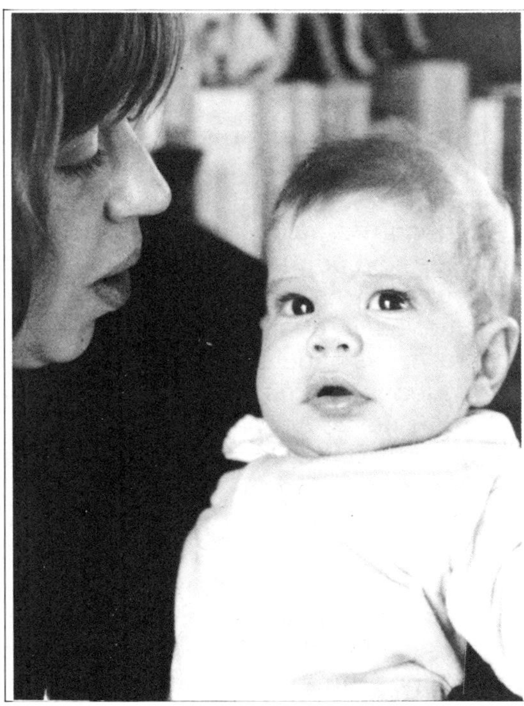

La moral puede estar baja por cualquiera de los muchos problemas que surgen en el proyecto, y también es probable que algunas veces el trato con los niños tome un cariz rutinario —todo está controlado, no ocurre nada nuevo— y las educadoras se sientan aburridas, incluso cuando están muy ocupadas. El sentimiento de que no pasa nada proviene de la igualdad de las rutinas de un día tras otro, y esta sensación de descontento, como otras, es muy contagiosa: el ánimo de una educadora se propaga rápidamente a otros miembros del personal. Es en esos momentos cuando el director del proyecto tiene que introducir alguna cosa nueva, cambiar la rutina, implicar a las educadoras en acciones que encuentren interesantes.

Cuando las educadoras no se sienten a gusto, se relacionan con los niños de forma mucho menos eficaz. Habrá días en que una educadora no puede dar lo mejor de sí misma, debido a presiones familiares o cualquier otro tipo de problema personal. Por otro lado, existirán ocasiones en las que se sentirá muy competente y entusiasta, pero precisamente entonces el niño no responderá como es debido, dejando de apreciar lo que ella hace e incluso haciendo justo lo que no debe: llorando cuando debería estar arrullando o riéndose alegremente, mojando el pañal a los cinco minutos de cambiárselo, rehusando comer o chillando, aunque tenga sueño, cuando se le pone en la cuna. ¡Los niños también tienen malos días, e incluso malas semanas! Las educadoras deben saber que esos percances ocurren y que no existe solución mágica para hacerles frente. Algo útil puede ser la capacidad de admitir que estamos en un mal día e incluso reirse de ello, ¡no le viene mal a una educadora algo de sentido del humor! Pero es difícil conseguir ese humor sólo por los propios medios y, de nuevo, la comunicación y buenas relaciones con el resto del personal es muy importante. Un mal día que se comparte con los demás, riéndose de él, es mejor que un mal día que se aguanta en soledad.

Los niños en seguida se dan cuenta cuando existe una atmósfera feliz y unas buenas relaciones entre el personal y con los padres. *Las educadoras necesitan algo más que estar centradas en los niños; igual de importante es que se ajusten a los estados de ánimo y necesidades de sus compañeras de trabajo.*

Si el ambiente es de aprendizaje y progreso constante, de hacer cada vez mejor el trabajo, no sólo la gente se ilusionará más con su actividad, sino que las actitudes defensivas serán cada vez menos necesarias. Cuando existe una apertura hacia los problemas o cuestiones que surjan cada día, y existen vías de expresión para las críticas constructivas así como para los elogios, entonces no se irán fraguando corrientes de descontento que puedan perjudicar la efectividad en el trabajo. En casi todos los casos, la gente que trabaja tan cerca unos de otros como en el caso de las educadoras, a veces en situaciones muy tensas e irritantes, necesita llevarse bien. No hace falta que estén siempre de acuerdo, pero deben entender sus diferencias y sentir aprecio mutuo a pesar de ellas. Para que sea competente y sensible, la educación infantil ha de ser un trabajo de equipo.

Otra contribución de gran importancia al ánimo del equipo es el grado en el que las educadoras participan en la planificación del proyecto educativo, hasta qué punto logran afectar las decisiones que se toman. Es obvio que deben ser consultadas en cualquier cuestión que tenga que ver con su trabajo. De igual manera, se les debe dar tanta responsabilidad como les permita su tiempo, quieran y puedan asumir: trabajar con los padres, hacer las compras, planear las reuniones del personal y con los padres, etc., son algunos ejemplos en los que pueden intervenir. Para aceptar otros encargos de trabajo, no habrá que olvidar que su responsabilidad principal se refiere a la educación de los niños, y esto nunca se ha de ver perjudicado por un exceso de trabajo en otras áreas.

También es posible influir en la moral del equipo con acciones muy sencillas: añadir un nuevo elemento al mobiliario, dar a alguien permiso para salir un par de horas, o un descanso extra de treinta minutos, o simplemente diciendo a una educadora que ha realizado un trabajo muy bueno. Estas cosas son importantes y pueden crear una diferencia entre un día mediocre y otro muy bueno en un grupo de educadoras y bebés.

El horario de trabajo influye mucho en todos los aspectos de la actuación de las educadoras y su estado de ánimo. Lógicamente, las situaciones variarán mucho en función de cada proyecto concreto, pero es posible avanzar aquí algunas recomendaciones generales. Ya hemos dicho en un capítulo anterior que, con independencia del tamaño del grupo, tiene que haber un pequeño número de educadoras que estén siempre con los niños, puesto que no es nada bueno que, por ejemplo, un grupo de ocho bebés sea cuidado por seis u ocho educadoras a tiempo parcial. Al mismo tiempo, con todo, no es razonable (aunque por desgracia sí es frecuente) esperar que una persona realice un buen trabajo educativo con niños durante ocho horas al día, y las educadoras necesitan un tiempo fijo para estar apartadas de los niños, durante el cual puedan leer, hacer evaluaciones, hablar con otras educadoras o simplemente descansar. Un buen momento para esto puede ser la hora de la siesta o cualquier descenso de la actividad infantil que ocurra a lo largo del día. También existirán turnos en las educadoras, lo cual no ha de hacerse bruscamente sino mediante el solapamiento de los horarios de unas con los de otras; así habrá continuidad para los niños y ellas podrán intercambiar información, y esto será mejor que hacerlo sólo por escrito.

Un problema típico de la educación infantil es que la mayor parte del trabajo aparece como rutinario y sin cambios, una vez que se llega a dominar la necesaria habilidad para el mismo. A veces las educadoras llegan incluso a perder de vista la importancia y el significado de lo que están haciendo. Al contrario que cuando se trabaja con niños mayores o adultos, las satisfacciones de la relación con bebés son a menudo muy sutiles y pequeñas, y hace falta ser una persona sensible para darse cuenta de ellas y apreciarlas, sintiéndose feliz cuando consiguen coger algo, cuando se van a dormir sin chillar o logran poner un bloque encima de otros, o simplemente levantan las manos hacia ella. Estas son las compensaciones de trabajar con bebés, resultado de infinidad de actos de educación y cuidado. Las educadoras necesitan que se les recuerde (por medio de elogios y de la oportunidad de enseñar lo que saben unas a otras, mediante ayudas para que progresen en su profesión) que ésta es muy importante, que es de verdad un trabajo de alta especialización.

Notas

1. Jorn, M.; Persky, B.; y Huntington, D.C. «Selection of Staff». En *The Infants We Care For*, L.L. Dittmann. (Ed.) Washington, D.C.: National Association for the Education of Young Children, 1973.

2. Abt Associates, Inc. *Cost and Quality Issues for Operators.* Washington, D.C.: Day Care and Child Development Council of America, 1972.

Host, M.S., y Heller, P.B. *Day Care 7: Administration.* Washington, D.C.: U.S. Government Printing Office, 1971 [DHEW Publicación N.° (OCD) 72-20].

3. Existen excelentes fuentes de información para el aprendizaje de las educadoras.

Honig, A.S., y Lally, J.R. *Infant Caregiving: A Design for Training.* Nueva York: Media Products, 1972.

Institute for Child Mental Health. *Building Skills for Day Care of Infants*. Monografía 9. Nueva York: Institute for Child Mental Healt, 1973.

Este informe de un proyecto de formación realizado en tres escuelas infantiles del área de Nueva York es especialmente valioso por la sensibilidad con la que trata el tema de la dificultad de los cambios en las actitudes y las ideas de las educadoras sobre los bebés y su educación.

Jorn, M.; Persky, B.; y Keister, M.E. «Training of Staff» En *The Infants We Care For,* L.L. Dittmann. (Ed.) Washington, D.C.: National Association for the Education of Young Children, 1973.

Parker, R.K., y Dittmann, L.L. *Day Care 5: Staff Training.* Washington, D.C.: U.S. Government Printing Office, 1971 [DHEW Publicación N.° (OCD) 72-23].

4. Véase el capítulo 5, notas 3 y 4, donde se citan varias referencias que tratan del desarrollo infantil normal y sus diferencias individuales.

5. Algunas de las pruebas para evaluar el desarrollo infantil más utilizadas se encuentran en las siguientes referencias:

Bayley, N. *Bayley Scales of Infant Development-Manual.* Nueva York: Psychological Corporation, 1969.

Cattel, P. *The Measurement of Intelligence of Infants and Young Children.* Nueva York: Psychological Corporation, 1940.

Gesell, A., y cols. *The First Five Years of Life.* Nueva York: Harper, 1940.

Griffiths, R. *The Abilities of Babies.* Nueva York: McGraw-Hill, 1954.

En la siguiente referencia se describe un proceso recientemente desarrollado para intentar identificar bebés y preescolares con potenciales dificultades en el desarrollo.

Frankenburg, W.K.: Goldstein, A.; y Camp, B.W. «The Revised Denver Developmental Screening Test: Its Accuracy as a Screening Instrument» *Journal of Pediatrics 79* (1971): 988-995.

CAPÍTULO IX

Espacio físico y equipamiento

Para que los niños obtengan buenas experiencias es más importante la calidad del ambiente social que la calidad del marco físico y del equipamiento. Es perfectamente posible llevar a cabo un proyecto excelente en condiciones físicas muy por debajo de lo que se considera ideal. Con todo, la disposición de las habitaciones en las que se realiza un proyecto educativo así como el equipamiento y cualquier disposición física, pueden hacer posible el curso fluido del trabajo o, por el contrario, entorpecerlo. Esto no quiere decir que cuanto más modernos sean los muebles, caros los juguetes o mullidas las alfombras, mejor sea el proyecto. Se puede conseguir el ambiente deseado con una mecedora de segunda mano vuelta a pintar de amarillo brillante, con retazos de alfombra o con fotos cortadas de revistas y pegadas en la pared.

El tamaño de las instalaciones, así como los tipos de habitación y equipamiento necesarios, dependen lógicamente del alcance del proyecto educativo y del número de niños que pretende atender. El enfoque de gran parte del siguiente análisis se basa en la consecución de un ambiente seguro e interesante, que anime a la exploración del mismo y saque partido de todas sus capacidades. Las sugerencias que expondremos a continuación no son obligatorias en ninguna medida, sino que tan sólo describen disposiciones generales que luego se pueden adaptar a las necesidades y limitaciones de las situaciones concretas (1).

DISPOSICIÓN DE LAS HABITACIONES

Pocas personas, al preparar un proyecto de educación infantil, se pueden permitir el lujo de diseñar las instalaciones. En general, se utilizan salas ya existentes de iglesias, escuelas, industrias o centros comunitarios. No obstante, existen varias cuestiones concretas que no se pueden perder de vista a la hora de crear los planos de planta o de adaptar un grupo de habitaciones para usarlas como centro.

Parece existir una relación inversa entre el tamaño aparente de una sala y la movilidad infantil: es decir, si los niños se mueven con más facilidad, más pequeña parece la habitación. Es imposible prescribir un tamaño apropiado de sala para cada número de niños que vayan a estar en ella, al estar afectado por otros factores, como la edad de los bebés, el equipamiento de la sala, la disposición del espacio y el acceso a otras habitaciones, pero algunas leyes estatales lo determinan en forma de un espacio mínimo por cada niño.

El diagrama de la página 123 indica el tamaño y disposición general de las salas con la intención fundamental de mostrar los tipos de habitación que se necesitan y la relación espacial entre unas y otras.

Bases para la distribución general

Con independencia de tamaño y disposición del espacio físico, la colocación del equipamiento se basará en las áreas funcionales del proyecto: es decir, llegadas y salidas, alimentación, juego, sueño y cambio de pañales. Será mejor tener en cuenta el flujo de movimientos entre estas actividades, si queremos conseguir una buena organización del espacio.

Si es posible, conviene que exista una habitación separada para dormir, al lado de la zona de juegos, que suponga un área tranquila para las siestas. La sala de juegos es el centro de todo el sistema, y todas las demás se comunican como salidas de ella; una cabina de observación podría extender y comunicar las áreas de juego y sueño (es deseable, pero en absoluto esencial). El baño ha de ser accesible, para enjuagar los pañales y lavarse las manos tras cada cambio de pañal. La cocina estará cerca de la habitación de juego y del área de comer, para facilitar la preparación de los alimentos. Ya que la sala de juego tiene que disponer de zonas de almacenaje adecuadas, se puede diseñar una habitación de almacén más grande, lejos de esa zona, para guardar el equipamiento que no se esté utilizando en las otras salas. A corta distancia de los juegos deberá existir una habitación multi-uso, para conversar con los padres, dedicarse a un único niño o como sitio para los bebés enfermos, así como una oficina para los miembros del personal. (Ver esquema en la página siguiente.)

Entrada

Debe existir un casillero a la entrada para cada bebé, que sirva para guardar la ropa necesaria en cualquier cambio, la de abrigo y otras cosas necesarias. Si el tamaño de la zona lo permite, debería estar equipada con sillas y mesas, de forma que los padres puedan desnudar al niño o prepararle para ir a casa, reduciendo el desorden típico de las llegadas y salidas, o al menos llevándolo fuera de la zona de juego.

Zona de juego

Dado que se trata de una zona de múltiples usos, su disposición es importante. Un plan general correcto consiste en dividir la habitación en áreas, dejando la zona de alfombra lo más abierta posible y evitando las zonas ocultas, en las que un niño pueda estar fuera del alcance visual de las educadoras. Con todo, en ocasiones un niño necesita apartarse de los demás y deberá existir algo que le dé esta oportunidad, por ejemplo una caja grande para gatear dentro de ella o rincones con cosas interesantes (también pueden servir un parque, una mesa de comer o el simple regazo de la educadora). Una habitación pequeña, fuera de la zona de juego se puede utilizar cuando la educadora acompañe a un niño que necesite estar un poco apartado del grupo.

Esquema de la disposición espacial de una escuela infantil

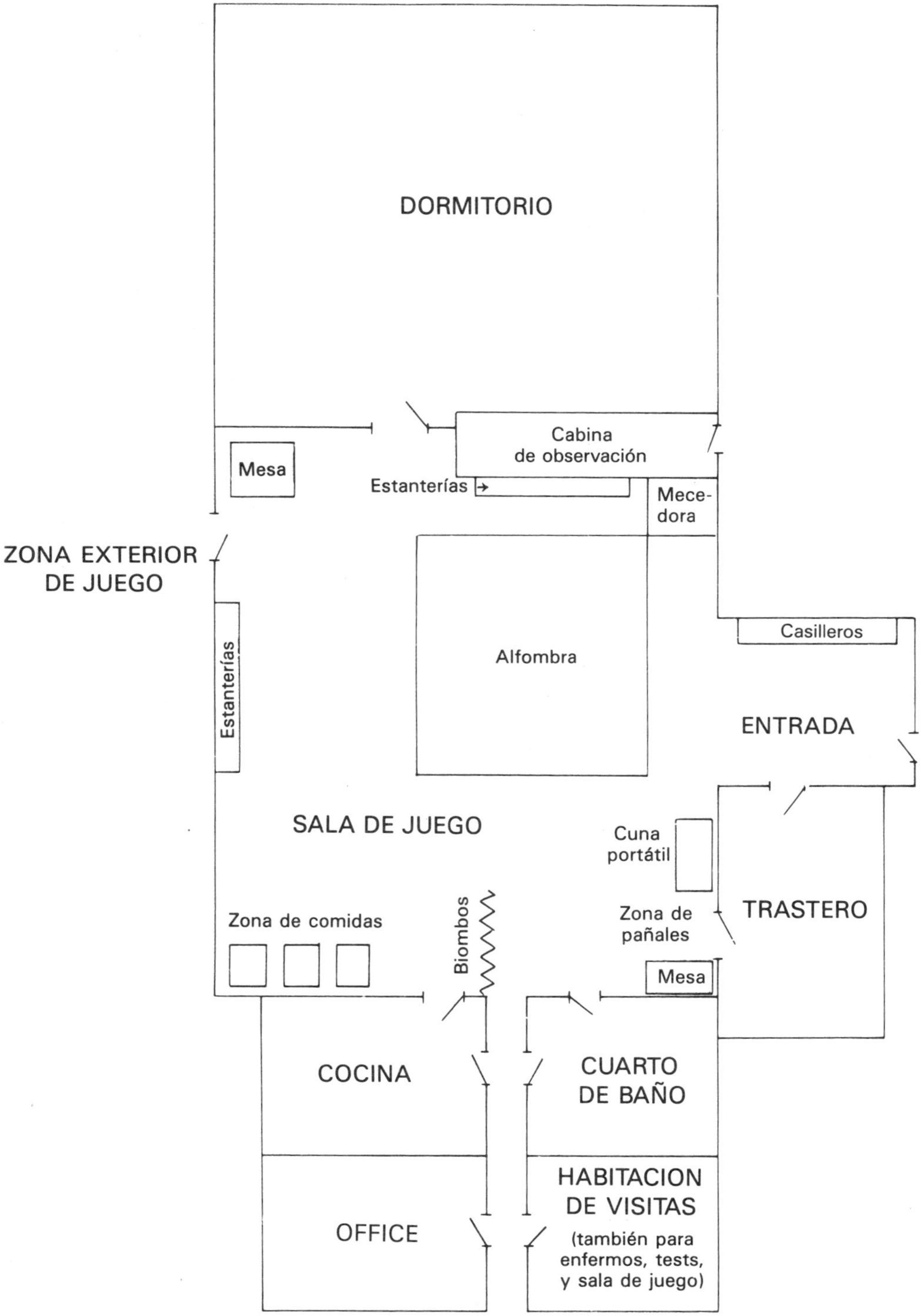

(La disposición espacial de la escuela infantil de Cornell era muy similar a la descrita en el dibujo en cuanto al dormitorio y la sala de juego. Pero las habitaciones adyacentes, aunque adecuadamente situadas, no eran tan prácticas como las mostradas aquí.)

Al organizar el espacio, hay que tener en cuenta el flujo de personas y arreglar la habitación de forma que se minimice la confusión. Los estantes con juguetes deben estar contiguos a la alfombra, pues así los niños los alcanzan con facilidad y hacen menos ruido cuando caen al suelo. De igual manera, la zona de cambio de pañales se colocará convenientemente cerca del baño y la de comer próxima a la cocina.

La entrada a la sala de juego es un buen sitio para colocar un panel con la información diaria para los padres.

Deberá también existir una mesa de despacho para que las educadoras escriban los informes, contesten al teléfono y manejen el material escrito sobre los niños y su educación. Al existir un teléfono en la misma sala, los pequeños no quedarán sin atención cuando sea necesario efectuar o contestar alguna llamada. Deberá haber mecedoras o sillas rectas confortables para que la educadora pueda sentarse mientras da de comer, juega o lee un libro a un niño en su regazo, o cuando tiene que consolar a alguno que está alterado o irritado. Se situará un reloj bien visible desde todos los puntos de la habitación, y no estará de más la colocación de fotos, dibujos, carteles o, tal vez, móviles en las paredes que, junto con los juguetes, añadirán color a la zona.

Las estanterías para juguetes se fijarán a la pared o serán de un peso y consistencia que no puedan volcarse; lógicamente, serán lo bastante bajas para que los niños puedan alcanzar al menos algunos juguetes y escoger sus preferidos.

Un armario, cercano a la mesa de cambio de pañales y al baño, contendrá: pañales, mantas, almohadas y cremas. Todo ello, por supuesto, no debe estar al alcance de los bebés. Las sillitas de comer cumplen también la función de sillas de juego, en las que los niños pueden ver lo que está pasando mientras manejan algún juguetito; para los más pequeños habrá sillitas apropiadas, y tal vez también un columpio y un tacatá.

Cuando tienen que estar juntos en la misma habitación, los niños que ya se mueven y los que aún no lo hacen, puede ser necesario algún medio de separar la sala en dos partes. Con el fin de disponer de un espacio seguro para un niño más pequeño, o mantener alejados a los demás cuando algunos están comiendo, será útil una pequeña valla de rejilla que permita la visión, y construida con goznes de forma que se pueda plegar contra la pared cuando no se necesita; es importante que no oculte a los niños de la vista de las educadoras. Otros elementos útiles son las almohadas grandes, en especial un tipo que tiene forma de silla con brazos, para los niños que están aprendiendo a ponerse de pie, o pequeñas mantas térmicas colocadas sobre la alfombra en la zona donde están los más pequeños, que tienden a manchar el suelo más que los grandes.

Es aconsejable cubrir una parte de la sala con una alfombra, para que los niños jueguen de forma segura y confortable sobre ella, y las educadoras se sientan animadas a echarse al suelo con ellos. Cuando los bebés están aprendiendo a arrastrarse, un suelo mullido evitará las heridas fuertes en la cabeza y algunos (aunque no todos) chichones y magulladuras. Este tipo de suelo también proporciona una mejor tracción que un suelo de madera o cerámica para los pies desnudos de los pequeños que empiezan a arrastrarse, gatear, andar y correr. Así mismo, la alfombra actúa como aislante para ciertos suelos durante el invierno. Debe ser fácil de limpiar y hay que clavarla o sujetar sus esquinas para evitar que los niños la arrastren fuera de su sitio.

Sin embargo, no es necesario alfombrar toda la superficie y parte del suelo puede ser de baldosas o de otro tipo fácil de limpiar. La zona de la sala donde los niños comen, en especial con bebés que están aprendiendo a hacerlo por sí mismos, tiene que limpiarse a diario. Por otro lado, también los tipos de suelo pueden enseñar cosas útiles a los niños: por ejemplo, verán cómo una pelota va más lejos tras un pequeño empujón en la superficie cerámica, y que lo contrario ocurre sobre la alfombra; también se darán cuenta de que es más fácil gatear sobre la superficie rugosa de la segunda que en la resbaladiza de la primera.

La habitación de juego debe ser amplia, luminosa y alegre. Es conveniente que las ventanas sean lo suficientemente bajas como para que los niños, incluso los que todavía no andan, puedan mirar al exterior, en especial si afuera existen cosas interesantes que observar. En Cornell la vista por las ventanas, que estaban a medio metro del suelo, era del patio de la escuela, lugar en donde casi siempre había alguien por quien los niños sentían curiosidad. La función de las ventanas era lógicamente doble, puesto que también los niños de fuera contemplaban a menudo a los bebés del otro lado. Todas las ventas deben ser de cristal de seguridad (inastillable) y disponer de otras protecciones, como antepechos anchos o barreras para que los niños no trepen a ellas ni arrojen juguetes que provoquen la rotura. No es necesario que tengan cortinas, sobre todo si la vista es agradable; mediante una persiana o contraventana se puede graduar la luz natural. Siempre que exista una protección (barrera o tela metálica), es bueno que se puedan abrir y cerrar con el fin de ventilar y controlar la temperatura de la sala.

Las luces en el techo deben ser las suficientes para el tamaño de la habitación, evitando el exceso de lámparas que deslumbre o su escasez. Las uniones eléctricas a los enchufes de la pared deberán ser utilizadas con cuidado, evitando cables de los que se pueda tirar o morder; todos los enchufes visibles no utilizados deberán ser cubiertos con protectores.

Si se utilizan radiadores que puedan producir quemaduras, deberán estar aislados. En el cálculo y obtención de una temperatura ambiente confortable, las educadoras deben recordar que el aire caliente sube hacia arriba, de forma que si ellas sienten el ambiente correcto cuando están de pie, es probable que los niños tengan algo de frío al estar más cerca del suelo.

Disponer de una cuna portátil en la habitación sirve para varios propósitos: 1) es un sitio donde se puede cambiar a los niños sin que sientan miedo, se caigan o se distraigan con los demás, 2) permite que un bebé pequeño juegue apartado de los mayores, 3) en ella se puede colocar a un niño de más edad para que juegue en un día, por ejemplo, en que se siente más irritable y consiente menos las interrupciones, 4) de igual manera, otro niño podrá beber su leche o zumo sin que le molesten.

Dos objetos especiales que se diseñaron en Cornell resultaron de gran ayuda para las educadoras y los niños. El primero era un tubo curvado, fijo a la pared por un extremo, del cual se colgaban juguetes y que resultó estupendo para los niños más pequeños. Se podía atar a la sillita y colgar de él, a la altura del bebé, un hilo con carretes, un juguete para que le diera con las manos o incluso un oso de peluche. El segundo consistía en una mesa pequeña y baja (unos 35 cm), que los niños usaban para poner juguetes encima, subirse y sentarse sobre ella. Por medio de un borde ligera-

mente elevado se evitaba que los juguetes se cayeran con facilidad. La mesa también servía para poner cosas al alcance de la mano de los niños que no se movían de su sillita.

Es muy frecuente que, incluso en escuelas infantiles pequeñas, la sala de juego se ateste de cosas; esto se puede evitar, en cierta medida, a través de un esfuerzo consciente de retirar todos los objetos que no se utilicen en un momento dado.

Cocina

Un lugar para cocinar cerca de la sala de juego permite una fácil elaboración de las comidas, calentar los biberones y la limpieza del final del día. Muchos de los aparatos y su disposición en la cocina ya están regulados por las ordenanzas estatales. Un mostrador o mesa vendrá bien para colocar las bandejas juntas y tener el esterilizador al alcance de la mano, y una despensa servirá para guardar la comida y los utensilios más utilizados. En el frigorífico se tendrán los biberones de leche y papilla, la comida sobrante, mordedores para aliviar la salida de los dientes y las medicinas. En cualquier proyecto educativo que dure el día completo, será necesaria también una cocina en la que calentar los alimentos y esterilizar platos y cubiertos; esto último se puede evitar si se dispone de lavaplatos. La limpieza del suelo se facilitará en gran medida si es de baldosines.

Las educadoras podrán vigilar mejor a los niños si existe una media puerta entre la cocina y la zona de juego, lo mismo que entre ésta y la entrada al centro.

Dormitorio

Aunque tiene que ser agradable, el dormitorio será sobre todo tranquilo, además de espacioso para que las cunas no estén pegadas unas a otras. Con una alfombra se conseguirá amortiguar bastante los posibles ruidos, y el mismo efecto tendrá un ventilador instalado de forma segura en el techo, cuyo murmullo suave tape otros más desagradables, a la vez que favorezca la circulación del aire en la habitación. En las ventanas se instalarán cortinas que permitan controlar la cantidad de luz que entra. También se colocará una mecedora para que las educadoras ayuden en ella a dormirse a los niños, los calmen o hagan que se relajen apartados del color, ruido y actividad de la zona de juegos. Habrá también un armario para guardar las sábanas, algunos juguetes de cuna y los pañales.

Cada bebé tendrá su propia cuna para dormir de forma regular, y los que tengan costumbres similares se acostarán en la misma parte del dormitorio. Hay varios puntos que se deben señalar con respecto a las cunas: deben estar situadas lejos de las ventanas y los enchufes; las sábanas y mantas de algodón disminuyen la electricidad estática y duran más; no es conveniente colocar almohadas en las cunas; los colchones han de ser fáciles de limpiar y los somieres serán regulables, para que el niño no pueda caerse o subirse por los lados; tienen que estar bien construidas, ser rígidas y seguras, pero permitir a la vez que el niño pueda ver la habitación desde ellas; los listones han de estar separados entre sí unos 6 cm, la barandilla debe tener al menos 66 cm de altura y cierres de seguridad contra aperturas accidentales; todas las partes de la cuna tendrán los bordes redondeados. La música suave puede calmar a algunos niños, así que una radio o tocadiscos en el dormitorio y en la sala de juego, puede facilitar la hora de la siesta tanto al niño como a la educadora.

Otras habitaciones

El baño será lo bastante grande para poder colocar allí los paquetes de pañales, y un armario cerrado con llave servirá para guardar los medicamentos, ropa limpia y materiales de limpieza. En una habitación de almacenaje se pueden colocar la lavadora y la secadora (algo imprescindible en cualquier centro que no utilice los servicios de una lavandería), los suministros y todo el equipo que no se necesite en ese momento. Dicha habitación contará con una cuna por si algún niño se pone enfermo; el resto del equipamiento dependerá del uso a que se destine la habitación. Algo esencial para las educadoras es un despacho algo alejado de los niños, en donde habrá un lugar para guardar la información y una zona de trabajo. Tal vez una cabina de observación no parezca muy lógica en proyectos educativos no experimentales, pero resulta imprescindible para el adiestramiento de las educadoras y el acomodo de los visitantes y padres sin que interrumpan las actividades de la escuela infantil.

No se ha visto en esta sección nada referente al equipamiento de pequeño tamaño —por ejemplo, juguetes o cubiertos—, pero en otros capítulos del libro (alimentación y juego) se presenta información suficiente sobre el tema.

El patio

Si se dispone de un patio, esta zona exterior ofrece la posibilidad de desarrollar la importante experiencia de salir fuera e ir a otro sitio, preferiblemente al aire libre. Es posible que algunos centros no cuenten con esa área, pero tal vez puedan efectuar los contactos necesarios para llevar a los niños a algún sitio cercano que cumpla esa función.

Notas

1. Evans, E.B., y Saia, G.E. *Day Care for Infants.* Boston: Beacon Press, 1972.
Sale, J. *Programs for Infants and Young Children. Part IV: Facilities and Equipment.* Washington, D.C.: Appalachian Regional Commission, 1970.

CAPÍTULO X

Salud y seguridad

Para lograr positivas experiencias en los niños, es necesario que exista un ambiente limpio, seguro y saludable. Muchos de los problemas para conseguirlo son los mismos que los padres encuentran en el hogar. Como gran parte del análisis sobre temas específicos de salud y seguridad (por ejemplo, alimentación, cambio de pañales, juego, espacio físico y equipamiento) se ha realizado ya en otros capítulos, ahora sólo se resaltarán brevemente alguna normas generales para conseguir las condiciones óptimas deseables. Este capítulo pretende ser un punto de partida de aprendizaje en un área en la que las educadoras necesitan conocer muchos aspectos. La mayoría de las normas estatales sobre escuelas infantiles hacen referencia a los temas de la salud y la seguridad en los centros y, por ello, son buenas fuentes de consulta donde encontrar las normas minímas (1).

Las indicaciones generales de este capítulo se dividen en tres categorías principales: actitud ante las enfermedades, rutinas que aseguren la buena salud y aspectos de seguridad.

ACTITUD ANTE LAS ENFERMEDADES INFANTILES

En primer lugar, lógicamente, las mismas educadoras han de poseer un buen estado de salud y someterse a chequeos periódicos para estar seguras de ello. No deberán acercarse a los bebés si se han acatarrado recientemente, presentan una tos persistente o cualquier otra infección respiratoria: en resumen, algo que se pueda contagiar al niño.

Todos los proyectos educativos deben establecer sus propias normas de acuerdo con la legislación sanitaria: cuándo los niños pueden seguir las rutinas del grupo o ser apartados del mismo; tales normas han de explicarse en detalle a los padres desde el comienzo, para evitar malentendidos posteriores.

Con respecto a los niños que están sólo ligeramente enfermos, todo dependerá de las posibilidades del centro y de su personal: es decir, si es o no posible atender al bebé enfermo sin poner en peligro la salud de los demás. Si la dolencia es más grave, es obvio que el centro no puede cuidar de ellos. En los últimos años se advierte una tendencia hacia el cuidado de niños ligeramente indispuestos, en vez de mandarlos a casa por sistema. Hay que tener en cuenta que un niño con una enfermedad contagiosa necesita ser aislado y, por tanto, exige la atención especial de una educadora. Como ejemplo, en el Apéndice G se muestran las normas dadas a los padres en la escuela infantil de Cornell: los niños con temperaturas que sobrepasen los 38° no deben estar junto a los demás, puesto que tal hecho es síntoma de una infección importante que podría propagarse; ningún niño con diarrea moderada o aguda debe estar en el centro, por ser altamente contagiosa; las infecciones oculares, como la conjuntivitis, se propagan rápidamente, por lo que es preciso aislar estos niños hasta que estén bajo control. Por otro lado, es frecuente que los niños tengan catarros suaves durante la mayor parte del invierno, así que los estornudos, mocos y toses ligeras no son razones suficientes para aislar o excluir a quienes los padecen. De igual manera, un niño que ha dejado de acudir por un catarro o infección respiratoria puede volver al centro antes de que los síntomas hayan desaparecido por completo. Todos los proyectos tendrán que establecer sus propias normas con ayuda de especialistas sanitarios, pedíatras o enfermeras en Pediatría, y hacerlas cumplir contínuamente.

Como ya vimos en el apartado de las funciones del personal (Capítulo VIII), todos los proyectos educativos deberán tener acceso a una enfermera u otra persona especializada en temas de salud y enfermedades, o bien a alguna organización médica que pueda aconsejar cuando sea necesario. Las educadoras deben estar al corriente de las enfermedades más comunes y cuáles son los síntomas que deben buscar primero (en el Apéndice H se puede ver una lista de ellos y de las dolencias que requieren la asistencia médica) (2). Las educadoras tienen que saber en todo momento si los niños están tomando alguna medicación en casa o en el centro: para qué es, cuándo hay que suministrársela y los posibles efectos secundarios. Para evitar futuros errores del personal y proteger a los propios bebés, cualquier medicación (incluso la aspirina o las vitaminas) que los niños reciban en la escuela infantil contará con el correspondiente permiso de los padres por escrito. La información que éstos den sobre el estado general del pequeño a la educadora, le será de gran ayuda para adecuarse a sus necesidades, y lo mismo ocurrirá en sentido inverso. Uno de los requisitos para asistir al centro será que los bebés estén al día en las vacunas y que efectúen visitas regulares al pediátra, bien con los padres o por medio de la escuela infantil.

ACTUACIONES SANITARIAS DE RUTINA

Existen muchas prácticas que, si llegan a formar parte de la costumbre, crearán un ambiente saludable para niños y adultos. Seguidamente se exponen algunas recomendaciones:

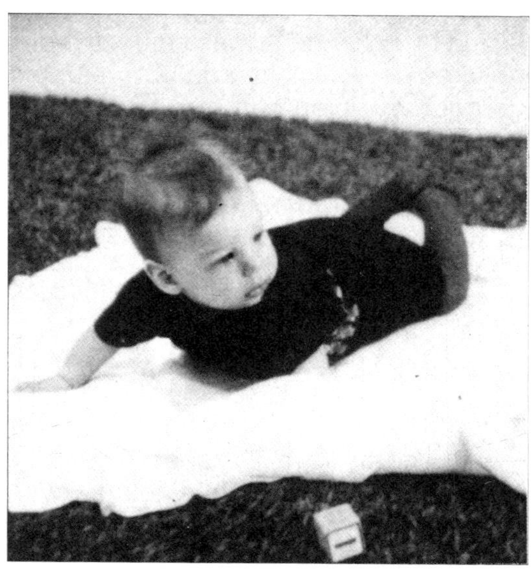

1. Limpieza diaria del suelo con aspiradora, especialmente la zona de comer; fregar el suelo una vez al día suele ser suficiente.
2. Limpieza diaria, o con frecuencia mayor, del equipamiento más utilizado por los bebés, como las sillitas, mesas de comer y de cambio de pañales; las últimas se pueden cubrir con papel o tela.

3. Limpieza periódica de todo el equipamiento y lavado diario de los juguetes que se ponen pringosos.
4. Colocar una manta lavable sobre el suelo en donde haya niños con facilidad para escupir o vomitar, para evitar las manchas en la alfombra; la manta ha de lavarse con frecuencia.
5. Cambiar los pañales cuando están húmedos o sucios.
6. Limpiar con cuidado al niño cuando se le cambian los pañales, usando algún buen sistema suavizante de la piel para prevenir irritaciones.
7. La educadora se lavará las manos antes y depués de cada cambio de pañales.
8. Esterilizado o lavado en lavavajillas de los biberones y cubiertos.
9. No mantener los biberones más de treinta o cuarenta minutos fuera del frigorífico, a menos que sean pre-envasados.
10. Lavar las manos de los bebés antes y después de comer, una vez que ya han comenzado a alimentarse por sí mismos.
11. Cambiar la ropa del niño cuando esté húmeda o sucia durante el día.
12. Cambiar las sábanas de las cunas una vez a la semana como mínimo, o con mayor frecuencia si están sucias.

SEGURIDAD

El ambiente donde los bebés pasan tanto tiempo debe ser «a prueba de niños»: es decir, un lugar sin excesivas prohibiciones, donde se sientan libres de poder explorar y las educadoras no tengan que estar constantemente preocupadas por las situaciones de peligro potencial en la habitación.

Una de las normas generales más efectivas para conseguir tal entorno seguro consiste en que las educadoras arreglen la sala y lleven a cabo las distintas actividades suponiendo que todos los niños son capaces de hacer muchas más cosas de las que serían de esperar según su edad. Por ejemplo, una educadora nunca debe sentirse segura de que un niño de 3 ó 4 meses no pueda darse la vuelta y caer de la mesa, que uno de 8 meses no intente incorporarse apoyándose en una mesa inestable, que uno de 11 meses no quiera salirse de la sillita de comer, o bien que otro de 12 meses no se interese por el vaso que está sobre la mesa. Es mejor suponer que un bebé intentará hacer todas las cosas de las que es capaz, ¡e incluso algunas más!

Un buen número de problemas de seguridad tienen que ver con la disposición física y el equipamiento existente en la escuela infantil.

1. No debe haber cables eléctricos o cordones de cortinas, que los niños puedan arrastrar, tropezar con ellos o masticar.
2. Los enchufes eléctricos a la altura de los niños han de estar cubiertos con cierres de seguridad o escondidos tras muebles fijos.
3. No deben existir superficies resbaladizas en la habitación. Las educadoras llevarán zapatos que se adhieran bien cuando tienen a los bebés en brazos, y los niños que ya caminan evitarán el calzado deslizante.
4. No se emplearán tejidos inflamables, ni fibra de vidrio en las cortinas, por ejemplo.

5. La habitación estará planeada para una fácil evacuación en caso de incendio, lo cual se conseguirá mejor si existe una salida especial para los niños en situaciones de verdadero peligro. En la habitación existirán extintores y una manta aislante del fuego.
6. Las ventanas y espejos serán de cristal que no se haga añicos si se rompe, o bien se protegerán con anchos alféizares o rejillas.
7. Los radiadores o calentadores del suelo estarán cubiertos.
8. Algunas plantas de interior son venenosas si se mastican las hojas o frutos, y no deben lógicamente colocarse en donde estén los niños. Las inofensivas han de situarse en alto o fuera de su alcance, para evitar que ensucien el suelo con la tierra o rompan los tiestos.
9. Es preciso evitar la presencia de muebles inestables que el pequeño pueda volcarse encima, como por ejemplo estanterías.
10. Mucho antes de que el bebé pueda saltar o caerse de la cuna, es preciso bajar sus colchonetas al suelo.

Incluso en los ambientes más seguros, el bienestar del niño depende en primer lugar de la atención y consciencia de las educadoras. La siguiente lista de obligaciones formará parte natural del trabajo de las mismas.

1. Retirar del suelo los juguetes y pequeños objetos que pueden hacer tropezar a niños y adultos.
2. Mantener las medicinas, los productos de limpieza y las bolsas de plástico en un lugar cerrado con llave. Todas estas cosas deben estar siempre lejos del alcance de los niños; no hay que dejarlas fuera de su sitio ni un solo momento.
3. Comprobar con frecuencia todo el equipamiento por si existen piezas sueltas, partes tragables, bordes agudos o zonas rompibles.
4. Tener cuidado con el equipamiento que sólo se puede utilizar cuando la educadora está con el niño: por ejemplo, una cuerda larga, un palo de tambor o cuchara de madera que se usa para el mismo fin, el papel de aluminio para arrugar, los juguetes a los que se pueden subir, etc. Todo ello se debe guardar fuera de su alcance, y utilizarse de forma apropiada.
5. Cuando la educadora coge al niño en brazos debe tener las manos bien secas, para asegurar una sujeción firme.
6. Incorporar a los bebés pequeños cuando comen o chupan el biberón para evitar que se atraganten. No entregar *nunca* un biberón a un niño que no lo puede sujetar por sí mismo.
7. Cortar a menudo las uñas de los pequeños, de forma que no se arañen entre sí.
8. No colocar objetos —como una taza de café caliente, por ejemplo— cerca del borde de la mesa, o sobre un mantel o pañal que el niño pueda alcanzar y tirar de él.
9. Utilizar sólo biberones de plástico (no de vidrio) cuando los bebés comienzan a sujetarlos con las manos; es difícil limpiar bien el suelo cuando se rompe un biberón, para que no haya peligro de cortes.
10. Conocer bien las prácticas de primeros auxilios.
11. Tener junto al teléfono una lista de números de urgencia, además de los médicos pediatras y de todos los padres.
12. Utilizar las sillitas recostables sólo con los bebés más pequeños, que todavía no las pueden volcar.

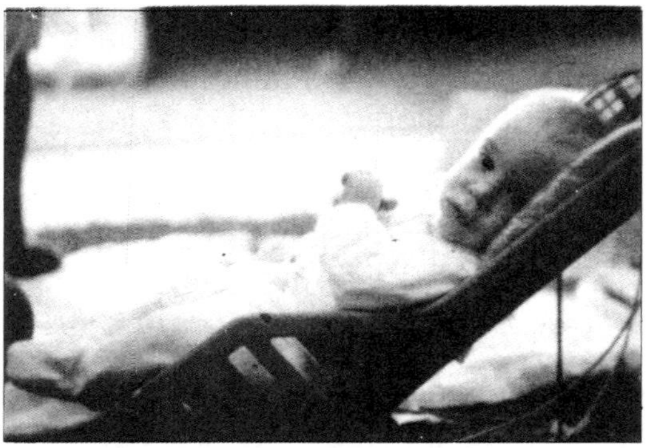

13. Colocar los objetos y juguetes más pesados en los estantes inferiores de los armarios, para que no se caigan sobre los niños cuando intenten cogerlos.
14. Vigilar lo que hacen los que ya saben andar, y alejarlos de las situaciones peligrosas que se originan cuando su valor es mayor que su capacidad (cuando se suben a una silla o se ponen de pie sobre algún mueble bajo, por ejemplo).
15. Estar muy atentos a los niños que ya caminan y pueden, en su interés por conocer, hacer daño a otros. Debe dedicarse la mayor atención a los que todavía no andan, ya que no tienen la opción de protegerse cambiando de sitio.
16. Tener cuidado con las mecedoras cuando los niños gatean a su alrededor.

En realidad, no existe ningún ambiente que sea totalmente «a prueba de niños», y el bienestar de los mismos depende de la atención y cuidado de un personal bien entrenado, que reduzca al mínimo la posibilidad de accidentes.

Notas

1. American Academy of Pediatrics. *Standards for Day Care Centers for Infants and Children Under 3 Years of Age.* Evanston, Ill.: American Academy of Pediatrics, 1971. También en Day Care and Child Development Council of America, 1401 K St., N. W., Whashington, D.C. 20005.

North, A.F. *Day Care 6: Health Services.* Washington, D.C.: U.S. Government Printing Office, 1971 [DHEW Publicación N.° (OCD) 72-4].

2. Spock, B. *Baby and Child Care.* Nueva York: Pocket Books, 1970.

Vaughan, G. *Mummy, I Dont't Feel Well: a Pictorial Guide to Common Childhood Illnesses.* Londres: Berkeley Graphics, 1970.

CAPÍTULO XI

Epílogo

Para que se cumpla el objetivo perseguido por los autores con este libro, han debido ocurrir tres cosas a la persona que lo ha leído: 1) ha llegado al firme convencimiento de que la educación de los bebés en grupo es un trabajo interesante, agradable, estimulante y complejo; 2) también ha quedado bien establecida la importancia de contar con una normativa que constituya la base de las prácticas educativas; 3) todas las preguntas y cuestiones planteadas durante la lectura han tenido la respuesta apropiada. El libro no ha de verse en forma de manual práctico de «cómo hacer» cada cosa, sino más bien como un punto de partida para una educación infantil creativa.

El asunto de la educación infantil, en particular en el caso de los grupos de bebés, lleva consigo muchas cuestiones no resueltas y puntos de preocupación para los padres, las personas que participan directamente en los proyectos educativos y la gente en general cuyos intereses se relacionan con la educación: desarrollo infantil, nutrición, formación del personal, organización comunitaria, formulación de normas generales y los asuntos políticos, por citar sólo unos pocos. En los párrafos que siguen se tratarán brevemente cinco temas de la mayor importancia para cualquiera relacionado de la forma que sea con la educación en grupo de bebés y niños pequeños. Estos asuntos (algunos ya han sido tratados en capítulos anteriores) han de ser planteados y resueltos en cada nuevo proyecto para asegurar la calidad educativa.

LA EDUCACIÓN INFANTIL COMO PROFESIÓN

Ya se insistió mucho en el Capítulo VIII. (El personal: composición, formación y estado de ánimo) en que los proyectos funcionan mejor cuando las educadoras se ven a sí mismas como profesionales altamente cualificadas, que llevan a cabo un trabajo muy gratificante pero difícil. Con todo, será imposible para ellas mantener tal actitud a menos que sea compartida por el resto del personal, los padres y las sociedad en general. Es probable que un aumento del reconocimiento y la valoración de las educadoras competentes, sea por parte de los padres, las madres o de las mismas educadoras, traiga consigo un incremento de la calidad en la experiencia que los niños pequeños tienen en las escuelas infantiles, en especial si esa valoración se refleja en el sueldo y la posición que se les concede. Por otro lado, los salarios más elevados atraerán hacia el trabajo de la educación infantil a una mayor variedad de gente capacitada.

Existe una cuestión más importante que la anterior en relación al *status* de las educadoras: ¿es posible motivar a las personas brillantes y competentes para que *continúen* trabajando como educadoras? La gente que trabaja directamente con los niños es la que realiza la parte más importante de la educación infantil y, sin embargo, muy a menudo las educadoras más cualificadas dejan en seguida a los niños y pasan a puestos administrativos o de supervisión. Hay dos aspectos de estar con los niños que contribuyen a que falte ilusión y estímulo en el trabajo: en primer lugar, se emplea mucho tiempo en hacer lo mismo una y otra vez; en segundo lugar, la recompensa por hacer bien las cosas es a menudo sutil y casi únicamente comprensible por quienes están interesados y conocen los temas del comportamiento y desarrollo infantiles. En pocas palabras, la educación infantil puede parecer a veces algo aburrida y, por ello, los autores queremos proponer la consideración de este tema, en particular por las personas que dirigen escuelas infantiles y trabajan con educadoras, pues deben ser conscientes del peligro del tedio y hacer todo cuanto esté en sus manos para asegurarse de que la educación se convierta en una experiencia satisfactoria para quienes tengan la habilidad, sensibilidad y motivación suficientes.

El mantenimiento de la calidad de los proyectos

Una vez que se ha conseguido una calidad aceptable en las prácticas de la educación infantil y en el funcionamiento global del proyecto, es preciso continuar esforzándose por mantener esa situación. Con mucha frecuencia, el conseguir la mejor experiencia posible para un bebé (creando situaciones agradables de aprendizaje aparte del cuidado rutinario, por ejemplo) exige más esfuerzo que llevar simplemente a cabo el trabajo de forma correcta haciendo frente a las necesidades diarias. Tiene que haber algo en el proyecto educativo que continuamente haga que a las educadoras les compense la realización de esfuerzos adicionales a la simple rutina, para atender a los niños de la mejor manera en que ellas saben hacerlo. Este incentivo debe consistir en algo más que las evaluaciones periódicas, aunque éstas puedan ayudar. En el Capítulo VIII ya vimos la importancia de mantener el entusiasmo de las educadoras ante su trabajo y su disposición a mejorar; si se apoya esta actitud, combinada con una evaluación o revisión periódica más estructurada del proyecto, se podrá conservar de la mejor forma posible la calidad del mismo.

Tipos de proyectos educativos

No existe un único proyecto educativo o enfoque general de la educación infantil que se ajuste de forma ideal a todos los niños y familias, al igual que no hay tampoco un conjunto único de normas y recomendaciones sobre el tema que funcione con éxito para todos los casos. Los autores consideramos que lo expuesto en este libro se puede aplicar a un abanico relativamente grande de proyectos educativos y ambientes. Sin embargo, como resulta que lo más importante del libro es la idea de adaptar la educación a la satisfacción de las necesidades individuales de cada bebé, de ello se deduce que los proyectos han de diseñarse para ofrecer a las familias la posibilidad de elegir entre diferentes situaciones educativas. Por otro lado, todos los proyectos serán distintos unos de otros, en parte por los condicionamientos de espacio físico, financiación, ámbito de edad de los niños atendidos, etc., lo cual es positivo porque tienen que haber opciones distintas para los diferentes niños y familias que existen realmente. Por ejemplo, un centro de tipo familiar, pequeño, puede resultar mejor para algunos niños que un ambiente mayor con bastante más gente; puede que algunos padres prefieran llevar a sus hijos pequeños a sitios cercanos a su trabajo, mientras otros quieren tenerlos cerca de donde viven, por ejemplo en un pequeño grupo familiar (1).

El coste de la educación infantil

La buena educación es cara, y los costes se elevarán a medida que los proyectos se adapten a las diferentes necesidades de las distintas familias y niños. El coste económico que lleva consigo un incremento de la calidad supone un complejo problema para el que no existe una solución sencilla, ya que es difícil reducir los gastos sin comprometer aquélla. El empleo de recursos locales, tanto en dinero como en potencial humano, puede reducir algo el problema, pero la mejor solución es que la sociedad valore la calidad de la educación, acepte el hecho de que es cara pero necesaria, y la financie mediante la acción legislativa apropiada.

Los efectos de la educación infantil

Una de las preguntas cruciales que la gente plantea sobre este tema es «¿cuáles son los efectos de la educación infantil en cuanto al desarrollo de los bebés, sus relaciones con los padres y la familia en general?» En otras palabras, ¿es bueno que los bebés pasen gran parte de su tiempo en las escuelas infantiles? Lógicamente, esta cuestión es más importante para los padres que pueden elegir en este asunto (para los que la educación externa no es propiamente una necesidad), que en las familias que, por razones económicas o de otro tipo, no tienen otra opción que llevar a los niños a centros fuera del hogar.

Los padres con posibilidad de elección se preguntan a veces si sería mejor que su hijo pasase algún tiempo en un centro, en vez de ser criado únicamente en casa, con el fin de ampliar su experiencia y adelantar en el desarrollo. También está el caso de las madres que sienten una fuerte necesidad de continuar trabajando fuera del hogar tras la etapa del parto, y se plantean si tanto ella como su bebé no estarían mejor fuera, teniendo así una mejor relación, y si no podría ella satisfacer su deseo de ser empleada dejando al niño al menos unas horas en la escuela infantil. No existen respuestas fáciles y definitivas para todas estas preguntas, y los padres tendrán que contestarlas en su propio caso particular, basándose en sus valores y sentimientos, considerando detenidamente cada una de las opciones que se les presentan, sobre todo la calidad educativa de los centros a los que pueden acudir.

Para las familias que por razones económicas, u otras distintas, no tengan más remedio que llevar a sus hijos a algún centro, la sociedad debería preocuparse de que existan escuelas de la máxima calidad, orientadas al fortalecimiento de las familias y de la propia educación de sus hijos.

Nuestra opinión personal es que deben existir diferentes opciones de educación infantil para *todas* las familias, con independencia de sus circunstancias económicas o de otro tipo, incluyendo recursos educativos amplios fuera del hogar cuando sean requeridos. Al mismo tiempo, sin embargo, creemos que hay que recalcar la importancia de una buena educación en el hogar por parte de los propios padres, especialmente durante los primeros años de la vida del niño. Esta importante opción debería estar abierta también a las familias con carencias económicas, si es preciso mediante la adecuada ayuda financiera.

También pensamos que *es posible* que la experiencia de una escuela infantil proporcione algunas oportunidades de aprender y desarrollarse que no es fácil que ocurran en casa, pero que un buen ambiente hogareño puede resultar completamente adecuado para promover un desarrollo saludable durante los tres primeros años de vida del niño. Por tanto, una buena educación a tiempo completo en casa por los padres no ha de ser vista como algo menos aconsejable que la escuela infantil, ni tampoco simplemente como una opción más entre muchas, sino más bien como un comienzo particularmente valioso y deseable para los bebés y niños pequeños.

Como ya mencionamos en la Introducción, todavía existe mucho que descubrir sobre los efectos de una experiencia prolongada en los centros fuera del hogar sobre los niños y las familias. Tales efectos son difíciles de evaluar por varias razones técnicas y, además, porque efectuar e interpretar estudios sobre esta cuestión de manera neutral y objetiva resulta más difícil de lo normal a causa de la tendencia a que surjan fuertes sentimientos *a favor* y *en contra* de la educación fuera del hogar, en la sociedad en general y también entre los especialistas en desarrollo infantil. En tal ambiente, incluso los más tentativos y provisionales resultados que sugieran posibles efectos ventajosos o desventajosos de la educación exterior, tienden a ser considerados, de forma algo prematura, como una prueba a favor o en contra de las posiciones políticas personales que se tienen previamente.

Creemos que es muy importante que los padres y los políticos que planean estas cuestiones mantengan hacia ellas una posición objetiva y de mentalidad abierta, y que eviten los puntos de vista doctrinarios y las soluciones simplistas que los apoyan. Al mismo tiempo, es necesario que continuemos buscando formas de asegurar la mejor educación posible de los niños, tanto en casa como en centros exteriores, y estudiando los efectos de los distintos sistemas sobre la población infantil, para conseguir una buena base de los planes futuros. Estos objetivos son precisamente los que se ha propuesto el presente libro y nuestra modesta investigación.

Como punto final, nos gustaría volver a recalcar la importancia de las escuelas infantiles como sustituto y refuerzo de las familias. Las educadoras que se vean a sí mismas *trabajando con* los padres *en vez de sustituyéndoles,* pueden desempeñar un papel crucial no sólo en el desarrollo infantil, sino en el fortalecimiento de la familia completa.

Notas

1. En las siguientes publicaciones se citan y describen varios tipos de proyectos educativos.

Howard, M. «Group Infant Care Programs, a Survey.» Washington, D.C.: Consortium on Early Childbearing and Childrearing, 1971.

Appalachian Regional Commission. *Programs for Infants and Young Children. Part 1. Education and Day Care.* Washington, D.C.: Appalachian Regional Commission, 1970.

Huntington,D.S.; Provence, S. y Parker, R.K. *Day Care 2: Serving Infants*. Washington, D.C.: U.S. Government Printing Office, 1971 [DHEW Publication N° (OCD) 72-8].

A continuación se citan algunas organizaciones con trabajos publicados sobre temas de interés para las personas que trabajan en proyectos de educación infantil:*

Association for Childhood Education International, 3615 Wisconsin Avenue, Nueva York, Washington, D.C. 20016.

Child Welfare League of America, Inc., 67 Irving Place, Nueva York, N.Y. 10003.

Consortium on Early Childbearing and Childrearing. Las publicaciones se pueden encontrar en la Child Welfare League of America, 67 Irving Place, Nueva York, N.Y.

Una publicación interesante del Consortium es: Willians, T.M. *Infant Care: Abstracts of the Literature*.

Day Care and Child Development Council of America, Inc., 1401 K Street, N.W., Washington, D.C. 20005.

North Carolina Training Center for Infant-Toddler Care, University of North Carolina at Greensboro, Greensboro, NC 27412.

National Association for the Education of Young Children, 1834 Connecticut Ave., N.W., Washington, D.C. 20009.

* Para información sobre la situación española a este respecto, pueden dirigirse al Ministerio de Educación y Ciencia o a las Consejerías de Educación de las respectivas comunidades autónomas. (*N. del R.*)

Apéndice

A-1	Hoja de información	142-6
A-2	Hoja de información diaria para educadoras	147
A-3	Hoja de información diaria para padres y educadoras	148
B	Perfil de hitos seleccionados de desarrollo durante los dos primeros años de vida	149
C	Juguetes para bebés y niños pequeños	158
D	Mesa múltiple para dar de comer a los bebés mayores	160
E	Escala de valoración para educadoras	161-3
F	Lista de hitos del desarrollo infantil	164-5
G	Carta a los padres sobre enfermedades	166-7
H	Algunas recomendaciones para educadoras: síntomas y heridas que requieren atención médica especial	168

Apéndice A-1

Hoja de Información

Nota: En el libro hemos hecho especial hincapié en la importancia de la información intercambiada entre padres y educadoras.

En muchas circunstancias, las atenciones que el pequeño recibe pueden mejorarse cuando el personal conoce el entorno familiar y la situación en la que vive el niño. No obstante, mucha de esta información sólo se puede obtener cuando se haya establecido una relación de confianza entre unos y otros. Estos datos no se deben conseguir por medio de una hoja informativa o en una entrevista inicial, sino de una manera más informal y con el paso del tiempo. El siguiente ejemplo, con un formulario para cada familia, contiene la información mínima que se debe tener. El personal de cada proyecto educativo en particular es el que tiene que decidir la información adicional que necesita para un mejor cuidado del bebé. Los informes médicos deben estar a cargo del personal sanitario afiliado al centro. Hay que mantener al día parte de la información, y las declaraciones escritas nunca deben tener preferencia sobre las conversaciones informales mantenidas con los padres.

Toda la información que el personal reciba del niño o de la familia debe ser estrictamente confidencial. Si es necesario consultar con un asesor profesional, los padres deben dar previamente su aprobación. Sólo en circunstancias muy excepcionales, y en el caso de que pueda haber un claro perjuicio para el niño si no se interviene de inmediato, se dará información a alguna persona ajena a la escuela sin obtener el permiso familiar.

Hoja de Información, pág. 1. (Modelo)

Nombre del niño ________ Fecha de Nacimiento ________ Sexo________

Apodo(s) al que el niño responde ____________________

Nombre de la madre ____________________ Profesión ____________

Lugar de trabajo (nombre, dirección, teléfono) ____________________

____

Horario de trabajo ____________________

Dirección familiar ____________________

Teléfono familiar ____________________

Nombre del padre ____________________ Profesión ____________

Lugar de trabajo (nombre, dirección, teléfono) ____________________

Horario de trabajo ____________________

Dirección familiar ____________________

Teléfono ____________________

Hermanos:

Nombre	Edad	Si no vive en casa, ¿dónde?

Otros miembros de la familia que viven en casa (que no sean padres ni hermanos)

Nombre	Edad	Relación con el bebé

Información para urgencias

Lugar donde se puede localizar a la madre ____________________

Dirección ____________________ Teléfono ____________

Lugar donde se puede localizar al padre ____________________

Dirección ____________________ Teléfono ____________

Persona a la que se puede llamar en caso de no localizar a los padres ______

____

Dirección ____________________ Teléfono ____________

Médico del niño ____________________

Dirección ____________________ Teléfono____________

Si no se puede localizar a ninguno de los padres, doy mi permiso para que, en caso de urgencia, el personal del centro se ocupe del cuidado médico de mi hijo.

Firma de los padres ____________________

Hoja de Información, pág. 2. (Modelo)

Alimentación

¿Ha tenido su bebé problemas de alimentación? Sí ________ No ________

En caso afirmativo, ¿cuáles? ____

¿Tiene buen apetito? Sí ____________________ No ____________________

¿Cuál es su comida preferida? ____

¿Qué comida no le gusta? ____

¿Ha notado alergias o efectos secundarios con algún alimento? Sí __ No __

En caso afirmativo, ¿con cuáles? ________________________________

Le alimenta, al pecho ________________ ¿con biberón? ________________

¿Toma algún tipo de vitaminas o minerales? Sí __________ No __________

En caso afirmativo, ¿cuáles? ____

¿Qué alimentos toma ahora?

Frutas __________________________ Zumos __________________________

Verduras__________________________ Carnes __________________________

Cereales __________________________ Leche (fórmula) __________________

Sueño

¿Ha mostrado problemas al dormir? Sí ______________ No ______________

En caso afirmativo, ¿de qué tipo? ________________________________

¿Cuánto tiempo suele dormir por la noche? ____________________________

¿Cuándo duerme durante el día? Por la mañana __________________________

Por la tarde __________________________

¿Prefiere dormir boca abajo? ______________ ¿Boca arriba? ______________

¿Tiene alguna manera especial de dormir a su hijo? Si _______ No _______

En caso afirmativo, ¿cuál? ____

¿Llora normalmente cuando se le echa a dormir? Sí ________ No ________

En caso afirmativo, ¿cuánto tiempo? ____________________________

¿Llora cuando se despierta? Sí __________________ No __________________

¿Duerme en su propia habitación? Sí ______________ No ______________

¿Duerme en su propia cama? Sí ________________ No ________________

En caso negativo, ¿con quién? ____

Gustos

¿Cuáles son sus juguetes preferidos? ____________________________________

¿Cuáles son sus actividades preferidas? __________________________________

Hoja de Información, pág. 3. (Modelo)

Salud del niño

¿Cómo es la salud de su hijo? ____________________

¿Tiene alguna minusvalía? Sí __________ No __________

En caso afirmativo, ¿Cuál? ____________________

¿Ha tenido alguna enfermedad grave? Sí __________ No __________

En caso afirmativo, ¿cuál? ____________________

¿Se le ha operado alguna vez? Sí __________ No __________

En caso afirmativo, dé la fecha y la descripción ____________________

¿Toma alguna medicina a diario? Sí __________ No __________

En caso afirmativo, ¿cuál y por qué? ____________________

Enfermedades y condicionamientos. ¿Ha tenido su bebé alguna de las siguientes enfermedades?

	Sí	No
Tosferina	______	______
Paperas	______	______
Sarampión	______	______
Rubéola	______	______
Varicela	______	______
Neumonía	______	______
Fiebre (más de 39°)	______	______
Alergias/eccemas	______	______
Trastornos neurológicos	______	______
Otros	______	______

¿Existe cualquier otra información sobre su hijo como, por ejemplo, gustos, preferencias o maneras de atenderle, que pudiera ser útil a las educadoras para mejorar la atención al niño?

Hoja de Información, pág. 4. (Modelo)

Informe Sanitario*

Tabla de vacunación

	Fecha
Difteria	________
Polio	________
Viruela	________
Sarampión	________

Visitas al médico

Fecha	Motivo	Diagnóstico	Medicación
________	________	________	________
________	________	________	________
________	________	________	________

Enfermedades

	Síntomas	Tratamiento

* Se debe mantener al día mientras el bebé está en el centro.

Apéndice A-2

Hoja de información diaria para educadoras (Modelo)

(A rellenar por los padres)

Escuela Infantil de Cornell
Departamento del Desarrollo Humano y Estudios de la Familia
Facultad de Ecología Humana
Universidad de Cornell

1. ¿Cuándo, qué y cuánto comió y bebió su bebé por última vez?
   A. Hora ______________________
   B. Tipo de comida ______________________
   C. Cantidad ______________________

2. A. ¿Cuánto tiempo durmió anoche? ______________________
   B. ¿A qué hora se despertó esta mañana? ______________________
   C. ¿Ha dormido bien? ______________________
   D. Si la respuesta a la 2C ha sido negativa, ¿cuál puede ser la causa? (por ej.: diarrea, fiebre etc)______________________
   ____
   E. ¿De qué humor estaba? ______________________
   F. ¿Ha defecado? ______________________

3. ¿Hay alguna otra información que nos puede ayudar a atender a su hijo?
   ____
   ____
   ____
   ____
   ____
   ____
   ____
   ____
   ____

Apéndice A-3

Hoja de información diaria para padres y educadoras (Modelo)

(A rellenar por la educadora)

Escuela Infantil de Cornell
Departamento del Desarrollo Humano y Estudios de la Familia
Facultad de Ecología Humana
Universidad de Cornell

Nombres de los niños

Comió (comida, cantidad, veces)			
Durmió (cuándo, cuánto)			
Defecaciones			
Otra Información (medicación, otras actividades, etc.)			

Nota: Esta información escrita no debe ser utilizada como sustituto de otro tipo de comunicación con los padres.

Apéndice B

Perfil de hitos seleccionados del desarrollo durante los dos primeros años de vida*

Escuela Infantil de Cornell
Departamento del Desarrollo Humano y Estudios de la Familia
Facultad de Ecología Humana
Universidad de Cornell

Los ejemplos de las páginas 150-157 se confeccionaron con el objetivo de ayudar a los estudiantes de un curso de comportamiento y desarrollo infantil. Indican la edad *aproximada* de la aparición de unas características de comportamiento que se pueden observar de inmediato en los dos primeros años de vida. Las edades no se deben tomar muy en serio, como si indicasen los puntos exactos en los que cada bebé debe mostrar comportamientos determinados; más bien hay que recalcar que los niños normales muestran una gran variación en las edades en que estas conductas aparecen.

Estas marcas del desarrollo están encuadradas en cinco grandes grupos: motor, manipulativo, intelectual, lingüístico (comprensión y expresión) y socioemocional. Esta división es válida, pero con frecuencia unos grupos se solapan con otros, según se ve en el hecho de que muchos comportamientos muestran el desarrollo infantil en dos áreas a la vez.

---

* H.N. Ricciuti, HDFS 374, Primavera de 1963, Revisado en enero de 1973 con Barbara Wolf y Sharon Horner.

Hitos seleccionados

Estos comportamientos aparecen «típicamente» en edades aproximadas. Hay que tener muy en cuenta que los niños normales varían mucho en cuanto a estas edades «típicas».

Edad aproximada en meses	Motor grueso	Manipulativo
1	Cabeza inestable cuando se le sienta	Ambas manos cerradas; Reflejo de agarrar al contacto con objetos
	Levanta la cabeza 5 cms del suelo (boca abajo)	Coge el sonajero un momento antes de tirarlo
	Levanta la cabeza y el pecho del suelo (boca abajo)	Manos abiertas la mayor parte del tiempo; alcanza objetos con las dos manos a la vez
	Predomina la postura simétrica de las extremidades (boca arriba)	Retiene el sonajero para jugar (ya no es movimiento reflejo)
	Se coge las manos en el medio	
	Cabeza recta y firme cuando se le mantiene sentado; Brazos extendidos, soporta su peso en las manos (boca abajo)	Alcanza y coge el aro que se le pone al lado de la mano Da palmadas o palpa el biberón Manipula el sonajero
	Se da la vuelta si está boca arriba hacia un lado	Tira el primer cubo cuando se le da uno nuevo
6	Se sienta con ayuda; Se da la vuelta de boca arriba a boca abajo	Coge los objetos que se le ponen en el medio (sobre todo a menor distancia que su brazo)

del desarrollo

Intelectual	Lingüístico Comprensión Expresión	Socio-emocional
Atiende a los sonidos, reducción de la actividad Distingue los sonidos ←→ Distingue la intensidad y complejidad luminosas Sigue con la vista en dirección horizontal		Diferencia el afecto negativo y neutral Se tranquiliza cuando se le coge
Sigue con la vista en dirección horizontal y vertical	Balbucea: sonidos vocálicos repetidos (a, e, u)	Interés visual especial en los rostros Sonríe y balbucea promiscuamente cuando se le habla y sonríe
Sigue con la vista en dirección circular	Hace dos sonidos diferentes (gu, la, a, ma, mu, u, e)	Emoción previsora
Ve la comida que está a su alcance Inspección visual del entorno Distingue las voces. ←→ Vuelve la cabeza hacia el sonido	Se ríe haciendo ruido (carcajadas) ←→	Muestra desagrado cuando pierde el contacto con una persona
Distingue rostros familiares y desconocidos	Vocalizaciones sociales espontáneas ←→ Vocaliza a los juguetes	Juguetea cuando se le incita a ello Sonríe y vocaliza con la imagen de un espejo
Mira en la dirección de objetos que desaparecen Aprende a distinguir formas sencillas	Indica agrado y desagrado vocalizando ←→ Hace cuatro sonidos diferentes	Crea contacto social (vocalizando y alcanzando objetos) Muestra enfado cuando se le quita un juguete Respuestas más agradables a los conocidos que a los desconocidos

Hitos seleccionados

Estos comportamientos aparecen «típicamente» en edades aproximadas. Hay que tener muy en cuenta que los niños normales varían mucho en cuanto a estas edades «típicas».

Edad aproximada en meses	Motor grueso	Manipulativo
7		Intenta coger bolitas comestibles pero no puede agarrarlas Coge 2 cubos a la vez Se pasa los objetos de una mano a otra
	Aguanta de pie un rato cuando se le sujetan las manos	Juega con dos juguetes, uno en cada mano
	Se sienta solo con seguridad; se va solo a sentarse; gatea con manos y rodillas	Coge las bolitas comestibles como si agarrara unas tijeras Deja caer el cubo a propósito
	Intenta ponerse de pie	
	Se baja él solo para sentarse Anda con ayuda	
	Se pone de pie sin ayuda; anda lentamente apoyándose en un mueble	Coge las bolitas comestibles con el pulgar y el índice; Mete un cubo en una taza
12	Se sienta voluntariamente Anda solo	Coge dos cubos juntos con las manos y los examina

del desarrollo (continuación)

Intelectual	Lingüístico Comprensión Expresión	Socio-emocional
Busca un objeto que ha desaparecido		Acaricia y «juega» con la imagen del espejo
Tira de la cuerda para traer hacia sí un juguete	Sonido de 2 sílabas (papá, babá)	Algunas reacciones negativas ante los desconocidos Trabaja con tesón para recuperar el juguete que está lejos Imita los golpes con un juguete
Destapa un juguete oculto		
Responde a las palabras familiares (Su nombre, papá, mamá, no-no, adiós)		
	Utiliza una «palabra» adecuadamente	Cierto autocontrol en respuesta a las prohibiciones Protesta cuando la madre se va
Se da cuenta de las discrepancias (muestra «sorpresa»)		
	Utiliza 3 palabras; imita palabras ↔	Imitación juguetona (palmas palmitas, cinco lobitos) Comienza el juego con los adultos
Obedece los mandatos sencillos («dame el vaso»)		
Recupera el juguete de detrás de un biombo		

Hitos seleccionados

Estos comportamientos aparecen «típicamente» en edades aproximadas. Hay que tener muy en cuenta que los niños normales varían mucho en cuanto a estas edades «típicas».

Edad aproximada en meses	Motor grueso	Manipulativo	
13	Se arrastra por las escaleras	Pone tres cubos en un vaso	
		Lanza la pelota empujándola	
		Construye torres de dos cubos Hace un garabato con un lápiz	
	Anda bien; comienza y se para controlándose bien Anda hacia atrás con algo para apoyarse; Corre con dificultad	Mete las bolitas comestibles en el biberón y las saca otra vez	
		Mete una ficha redonda en su casillero ← Come él solo con los dedos	
	Se agacha para coger un juguete y se incorpora		
18	Se sube a la silla de los adultos Se sienta él solo en silla pequeña	Intenta hacer una línea horizontal con el lápiz; mete 10 cubos en un vaso	
	Tira la pelota	Tira la pelota	
		Cierto control en el uso del plato y la cuchara cuando come solo	

del desarrollo (continuación)

Intelectual	Lingüístico Comprensión Expresión	Socio-emocional
Mira los dibujos del libro con cierto interés		Aparecen reacciones de depresión e inquietud, también muestra placer cuando domina algo Comienza la interacción social clara entre los niños
Atiende y acaricia los dibujos del libro	Utiliza de 4 a 6 palabras claras	
→ Enseña el zapato cuando se le pregunta por él	Indica deseos ↔ gesticulando o vocalizando Utiliza su «jerga»	Muestra el zapato al adulto espontáneamente Hace rodar el balón en respuesta a un gesto
Busca juguetes escondidos en lugares nuevos		
		Puede enfadarse ante la prohibición de un adulto
Señala un dibujo de un objeto familiar cuando se le pregunta (p.ej. perro)	Utiliza 9 o 10 palabras claras Nombra 1 de cada 6 objetos por los que le preguntamos	Le gusta que le enseñen libros de dibujos Se enfurece. Se observa un comportamiento «obstinado» con frecuencia
Señala la zona adecuada de una muñeca cuando se la nombra (p.ej.: ojo, nariz)		

Hitos seleccionados

Estos comportamientos aparecen «típicamente» en edades aproximadas. Hay que tener muy en cuenta que los niños normales varían mucho en cuanto a estas edades «típicas».

Edad aproximada en meses	Motor grueso	Manipulativo	
19			
		Mete los bloques cuadrados en su sitio	
	Sube al piso de arriba andando, agarrándose al pasamanos; baja cogido de la mano Se pone en cuclillas y se incorpora Salta los escalones		
		Mete 3 bloques en sus agujeros (O△□)	
24	Corre bien, sin apenas caerse; Sube y baja las escaleras solo Salta con los dos pies	Dibuja líneas verticales y circulares Ayuda a vestirse y desnudarse	

del desarrollo (continuación)

Intelectual	Lingüístico Comprensión Expresión	Socio-emocional
Coge un juguete fuera de su alcance con un palo	Utiliza palabras para expresar sus deseos	
Reacciona ante dos mandatos (p.ej. pone la muñeca en la silla)	Utiliza 12 palabras claramente	
Señala 2 de cada 4 objetos nombrados por el adulto	Combina 2 palabras (p.ej. «papa fuera»)	Primeros signos de «orgullo» y «celos» Incita al adulto para que le enseñe algo o le ayude
Señala 5 partes de la muñeca	Vocabulario de 20 palabras	
Empieza a reconocer formas iguales Señala 4 de cada 6 objetos nombrados por el adulto Reacciona ante dos mandatos con objetos diferentes	Nombra 3 de cada 6 objetos que se le preguntan Utiliza frases de 3 palabras Pronombres (yo, mi, tu) Desaparece la «jerga»	Intenta comunicar las experiencias inmediatas Relaciones sociales bien desarrolladas con los compañeros, especialmente a través del uso de los juguetes

Apéndice C

Juguetes para bebés y niños pequeños

Escuela Infantil de Cornell
Departamento del Desarrollo Humano y Estudios de la Familia
Facultad de Ecología Humana
Universidad de Cornell

Si un objeto común de la casa es seguro para que el bebé lo tenga, se le puede dar para ver qué es lo que hace con él (aunque decida morderlo).

Aquí tenemos algunas ideas para convertir en juguetes objetos normales:

1. *«Cocteleras»:* Ponemos unos trozos de cereales pequeños, de colores y comestibles (por si se abre) en una botella de plástico transparente. Un bote vacío y limpio de champú o de detergente puede ser un excelente juguete para niños pequeños y mayores. Debemos asegurarnos de que el tapón esté bien puesto.
2. *Marionetas de mano:* Hechas con calcetines, por ejemplo, sirven para que el adulto hable con el niño. Las marionetas son un medio estupendo para captar la atención del pequeño.
3. *Cajas:* De todas las formas y tamaños; para meterse andando o a gatas, para sentarse, apilar, encajar, o echar cosas y sacarlas. Una caja de zapatos con una cuerda atada es un juguete perfecto para un niño.
4. *Juguetes para clasificar:* Un cartón de huevos o un molde para hacer pasteles sirve para meter objetos (carretes de hilo, bloques, cereales). Si no son comestibles, es importante que sean grandes para que no se los pueda tragar.
5. *Disfraces:* Les encanta ponerse sombreros y llevar bolso, sobre todo si hay un espejo cerca para verse.
6. *Cubos:* Utilizando cartones de leche de diferentes tamaños (litro, medio litro, cuarto). Cada cubo se hace con dos envases; cortamos la parte de arriba de los mismos y metemos uno boca abajo dentro de otro según el tamaño, de manera que se forme un cubo cerrado. Ponemos algo comestible dentro de los bloques para que hagan ruido cuando se les mueve, y los tapamos con cinta adhesiva.
7. *Cubos tapizados:* Cubrimos unos cubos de madera (aproximadamente de 12 x 7,5 x 2, y lijados para que no produzcan astillas) con materiales coloreados de diferentes texturas (arpillera, pana, terciopelo, gasa, guata, o cuerda).
8. ¿Cuántas cosas podría hacer un bebé con una *taza de cereales?* (Sí, una de las primeras cosas que la mayoría haría sería tirarla al suelo).
9. *Libros:* debemos utilizarlos, incluso con bebés muy pequeños. Les gusta que les cojan y les hablen mientras miran las formas y colores. Se puede construir un libro relativamente a «prueba de niños» recortando dibujos y fotos grandes y llamativas de una revista, pegándolos en papel, forrándolos con un material adhesivo transparente, y poniendo las páginas en un cuaderno con cubiertas de plástico. Los catálogos viejos de papeles pintados de pared también son idóneos para que los vean ellos solos.
10. *Juguetes colgantes:* Muchos utensilios para la casa (vasos de papel,

carretes, platos de aluminio) se pueden atar a un hilo y colgarlos para que un niño pequeño los mire. Cuando ya comienza a coger las cosas (sobre los 4 meses), pondremos los objetos suspendidos cerca, para que tenga posibilidad de cogerlos mientras está tumbado en la cama o sentado en su sillita.

11. *Recipientes:* De plástico o de metal (asegurándose que los bordes son lisos), de todos los colores y tamaños; se pueden utilizar para echar, guardar y meter y sacar objetos.

12. *Bote de clasificación:* Cortamos la tapa de plástico de un bote, de manera que sólo quepan ciertos objetos con unas formas y tamaños determinados (cubos, tapas de vasos o cucharas, por ejemplo).

13. *Botes con pinzas de ropa:* Ponemos pinzas de ropa sujetas al borde de un bote. Al niño le gusta quitarlas y meterlas en el bote; más adelante, aprenderá a ponerlas en el borde él mismo.

14. *Objetos ocultos:* Cuando el bebé está mirando ponemos algo en una bolsa de papel, en una caja, o debajo de un pañal, y vemos si es capaz de encontrarlo.

SI UN JUGUETE ES SEGURO, DIVERTIDO Y FOMENTA LAS APTITUDES DEL BEBÉ, ENTONCES ES UN BUEN JUGUETE

Apéndice D

Mesa múltiple para dar de comer a los bebés mayores

Escuela Infantil de Cornell
Departamento del Desarrollo Humano y Estudios de la Familia
Facultad de Ecología Humana
Universidad de Cornell

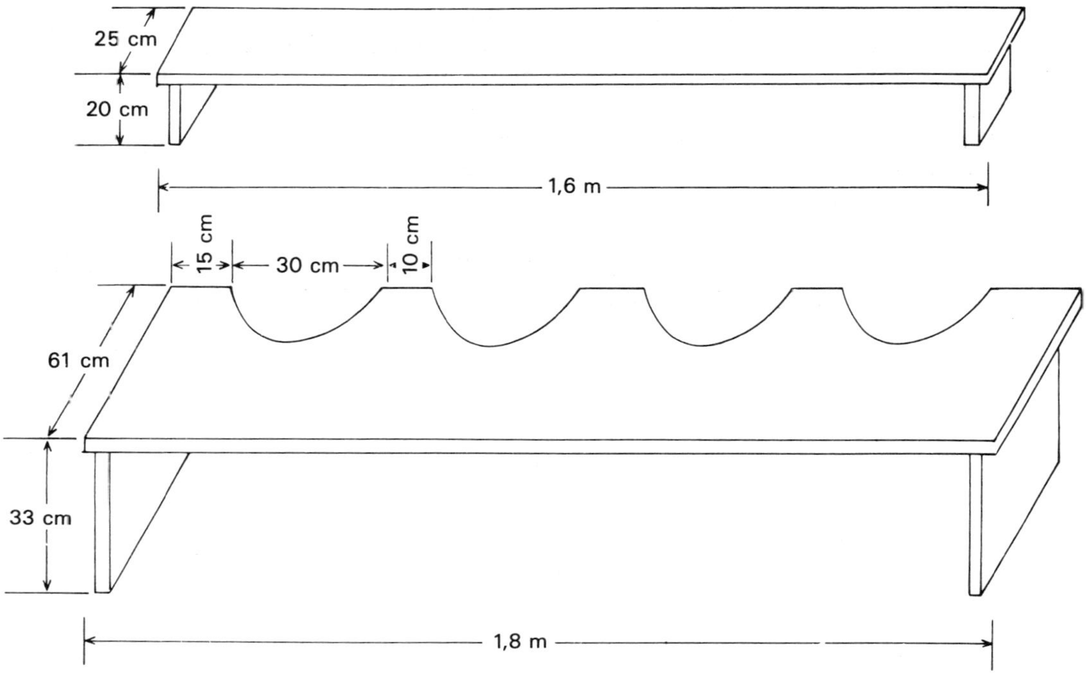

La mesa es de contrachapado de 2 cm, pintada y cubierta con una superficie lavable. El banco está apoyado en una pared blanda para que el niño apoye la espalda, y la mesa se pone junto al bebé de modo que cada uno quede sentado enfrente de las aberturas en forma de concha.

Apéndice E

Escala de valoración para educadoras *

Escuela Infantil de Cornell
Departamento del Desarrollo Humano y Estudios de la Familia
Facultad de Ecología Humana
Universidad de Cornell

1. Afectividad

4- Día excepcionalmente bueno: feliz, rebosante, se rió mucho.
2- Día muy bueno: contento, feliz, pero no tanto como en el 4.
0- Día bueno: equilibrado, regular, no se mostró irritable, pero tampoco radiante.
-2 Día normal: irritable, protestón o simplemente con apariencia triste.
-4 Día desastroso: lloró mucho; puede que tenga algo malo.

2. Perseverancia

La perseverancia es algo distinto al nivel de atención; implica algún tipo de esfuerzo para conseguir el objetivo deseado. Esta categoría incluye actividades motrices y de cualquier clase en la que haya que solucionar algún problema (sacar algo de una caja, intentar levantarse, etc.). La perseverancia se debe evaluar cuando el niño está solo, es decir, antes de recibir la ayuda de la educadora.

1. Abandona de inmediato, después del primer intento.
2. Abandona después de un intento continuado, pero breve.
3. Muestra un comportamiento continuado, a pesar de algunos fracasos.
4. Hace esfuerzos a pesar de los obstáculos que encuentra, pero no se enfada: su empeño no se deteriora.
5. Se esfuerza, pero se rinde cuando el fracaso parece inevitable; busca un objetivo más fácil.
6. Insiste en conseguir el objetivo, incluso después de que el fracaso parece inevitable, continúa, a pesar de la inquietud y la disminución de la efectividad incluso más allá de lo que cabe considerar necesario cuando la educadora piensa en la conveniencia de un cambio de actividad.

3. Nivel de atención

1. Muy poca atención en las actividades; mínima participación; juega sin entusiasmo que se advierte por lo fácilmente que se distrae.
2. Unas veces el número 1, otras el 3.
3. Interés intermitente en las actividades; ráfagas de interés; responde a distracciones moderadas; el niño está atento, pero, de vez en cuando, mira a otra parte, o deja de atender sin razón aparente.

* Escribiendo a los autores del libro se puede conseguir un informe sobre el uso progresivo de las escalas de Cornell, con algunos datos concretos.

Escala de valoración, p. 2

4. A veces el número 3, otras el 5 o el 6.
5. Por lo general, una muy buena participación en las actividades; se muestra absorto y difícil de distraer: sólo durante períodos muy cortos (menos de un minuto).
6. Igual que el 5, pero su atención permanece durante más tiempo (varios minutos).

4. Sensibilidad

Esta escala está relacionada con las reacciones negativas al cambio del entorno. La sensibilidad es una respuesta a algo exterior al niño (no al hambre, sueño o enfermedad).

1. Normalmente muestra muy pocas o ninguna respuesta negativa a los cambios del entorno (por ejemplo, otro bebé que llora a su lado, ausencia de la educadora, un desconocido con el que relacionarse, ataque «repentino» de otro niño, ruidos, cambios en las rutinas, u otro pequeño que le quita un juguete).
2. De vez en cuando muestra alguna respuesta negativa a un cambio importante.
3. Por lo general no responde positivamente a los pequeños cambios (otro bebé llora en la habitación, aparece un desconocido, ruido continuado, o se incrementa el nivel de actividad).
4. A veces muestra una actitud negativa ante pequeños cambios.
5. Casi siempre responde negativamente, incluso ante cambios insignificantes (cambio de luz, aumento casi imperceptible de ruidos o actividad, cambio de posición, o aproximación de otro niño).

Si ocurre una reacción extraña observable, se debe hacer un apartado en la escala poniendo una «E» al lado de la columna que describe esa actitud. Si no se escribe nada, se sobreentiende que, o bien la educadora no vio ninguna reacción, o, en caso de que la observara, fue positiva.

5. Actividad

1. Participa en pocas actividades, y pasa mucho tiempo sin hacer nada aparente.
3. Participa en un número moderado de diferentes tipos de actividades.
5. Participa en muchas actividades; siempre está ocupado.

6. Facilidad para calmarse y consolarse

(Utilizar esta escala sólo cuando está completamente despierto)

1. No hace ningún esfuerzo por calmarse él mismo, y es imposible consolarle por la educadora.
2. Intenta calmarse solo sin conseguirlo, pero tampoco puede tranquilizarlo la educadora.
3. No intenta apaciguarse él solo, pero, a veces, se le puede calmar con mucha paciencia.

Escala de valoración, p. 3

4. No puede calmarse por sí mismo, pero en algunas ocasiones se le alivia atendiéndole.
5. Lo intenta, pero no se calma solo; hace falta mecerle o pasearse con él en brazos.
6. Por lo general necesita atenciones que van de moderadas a intensas.
7. De cuando en cuando, se le pasa solo, pero por lo general hay que cogerle.
8. Normalmente se tranquiliza con unas atenciones mínimas (hablándole, meciéndole) a moderadas.
9. Se calla solo, o necesita de muy poca atención.

7. Comienzo de la exploración

1. Nunca o muy rara vez inicia él el juego; participa en él por iniciativa de otra persona (por lo general, la educadora).
2. De cuando en cuando comienza alguna actividad, pero es más normal que espere a que otro empiece o le ayude.
3. Casi siempre es él quien comienza sus relaciones sin colaboración de nadie, pero, a veces, espera a que le ayuden o le muestren qué hacer.
4. Inicia la mayoría de las relaciones; no confía en las sugerencias de los demás, ni en la ayuda que le puedan prestar para comenzar el juego.

Apéndice F

Lista de hitos del desarrollo infantil (Modelo)

Escuela Infantil de Cornell
Departamento del Desarrollo Humano y Estudios de la Familia
Facultad de Ecología Humana
Universidad de Cornell

	Fecha de aparición	Fecha en que se ha visto al menos dos veces
Motor grueso Levanta la cabeza del colchón Rueda en la cuna Levanta la cabeza y el pecho Mantiene la cabeza erguida cuando está sentado Hace movimientos natatorios Sujeta su peso cuando se le sube para que se quede de pie Se gira cuando está boca abajo Se gira cuando está boca arriba Gatea hacia adelante y hacia atrás Se arrastra (con el abdomen en el suelo) Se sienta solo Pasa de estar sentado a gatear Pasa de gatear a sentarse Se pone de pie solo Gatea Anda con ayuda Se queda de pie solo Anda solo Sube y baja los escalones		
Manipulativo Golpea objetos Coge objetos que están a mano Mira o juega con manos y pies Alcanza y coge objetos que están en el medio o cerca Se pasa las cosas de una mano a otra Sujeta el biberón Sujeta dos objetos		

Lista de hitos del desarrollo infantil (pág. 2) (Modelo)

	Fecha de aparición	Fecha en que se ha visto al menos dos veces
Come solo: «trocitos» de comida Como solo: con cuchara Utiliza una mano independientemente Mete objetos en un recipiente Coge cosas con el índice y el pulgar Apila cubos o aros		
Perceptivo-cognitivo Sigue visualmente objetos que se mueven Imita comportamientos sencillos Reconoce su biberón Busca activamente objetos ocultos		
Lingüístico Balbucea Emite sonidos diferentes Vocaliza respondiendo a la voz de la educadora Responde a su nombre Se vuelve hacia los objetos o cosas cuando se les nombra Dice otras palabras distintas de mamá, papá		
Social Sonrisa social definida Muestra interés por otros bebés Reacciona de diferente manera ante personas conocidas y desconocidas		

Apéndice G

Carta a los padres sobre enfermedades

Escuela Infantil de Cornell
Departamento del Desarrollo Humano y Estudios de la Familia
Facultad de Ecología Humana
Universidad de Cornell

Nota: Esta carta es una *muestra dirigida exclusivamente* a los directores y al personal sanitario de los centros. Cada escuela infantil debe desarrollar su propia política y sus procedimientos, y comunicárselos claramente a los padres. Todas estas normas dependerán de muchos factores, como por ejemplo, si es posible apartar a un niño de los demás cuando está enfermo.

A LOS PADRES:

¿Cuándo está enfermo un bebé, y, por tanto, no se le debe traer a la escuela infantil? Esta es una pregunta que se le puede presentar mientras su hijo asiste a nuestro centro. Para proteger a su bebé y a los demás, hemos establecido unas normas respecto a las enfermedades. Si la enfermera cree que el niño está bastante enfermo, o puede contagiar a los demás, no se le dejará entrar en la escuela infantil. Sería aconsejable que tuviera algún amigo o educadora localizable para atenderle, en caso de que usted no pueda.

DEJE AL BEBÉ EN CASA SI TIENE:

1. Más de 38° de temperatura rectal por la mañana.
2. Conjuntivitis, que es una infección en la que el ojo se pone rojo con un fuerte escozor, derramando un líquido viscoso de color amarillo.
3. Bronquitis. Puede comenzar con ronquera, tos, y un poco de fiebre. La tos puede ser seca y dolorosa, pero poco a poco se va haciendo más profunda.
4. Un sarpullido que no se puede identificar, o que no lo ha diagnosticado el médico.
5. *Impétigo* en la piel. Aparecen unos granitos rojos, que se acaban convirtiendo en pequeñas vesículas rodeadas de una zona roja. Cuando la ampolla se abre, la superficie está en carne viva y supura. Estas lesiones ocurren en las partes húmedas del cuerpo, como arrugas del cuello, ingles, axilas, cara, manos o en las zonas a donde llega el borde de los pañales.
6. Diarrea (defecaciones acuosas o verdosas que son diferentes y mucho más frecuentes que las normales).
7. Vómitos (no los usuales).
8. Fuerte resfriado con fiebre, estornudos y mucosidad.
9. Si parece que está enfermo, pero no encontramos ningún síntoma. En estos casos, el niño actúa de manera diferente. Puede ser palidez inusual, irritabilidad, cansancio anormal, o falta de interés.

Carta a los padres sobre las enfermedades (continuación)

10. Enfermedades contagiosas. Algunas son:
    a) Rubéola, sarampión
    b) Varicela
    c) Paperas
    d) Roséola
11. En caso de que un médico diagnostique una infección de garganta o de oído, por ejemplo, y le recete un antibiótico. No se le debe llevar al centro hasta que haya tomado la medicación, al menos en 24 horas.

Si tiene un poco de fiebre (menos de 38°), un resfriado, un sarpullido alérgico debido a los pañales o al exceso de calor, defecaciones sueltas, se le puede llevar a la escuela infantil. Tenemos una relación de las infecciones y enfermedades más comunes para uso de las educadoras y los padres.

Al ayudarnos a mantener un buen nivel de salud en el centro, está protegiendo a su bebé y a todos los demás.

Gracias por su cooperación.

Apéndice H

Alguntas recomendaciones para educadoras: síntomas y heridas que requieren atención médica especial

Escuela Infantil de Cornell
Departamento del Desarrollo Humano y Estudios de la Familia
Facultad de Ecología Humana
Universidad de Cornell

1. Un bebé *parece* o *actua* de forma diferente:
   — Palidez, cansancio, somnolencia, e irritabilidad inhabituales, ansiedad, postración y fatiga.
2. *Fiebre:*
   — si tiene más de 38°
   — si aparenta estar más enfermo, a pesar de tener 38° de fiebre o menos
3. *Resfriados:*
   — más fuertes (con tos profunda, respiración ruidosa, etc.),
   — da muestras de estar más enfermo; más síntomas (ver n.° 1).
4. Ronquera y dificultad en la respiración
5. Pérdida repentina del apetito:
   — si continúa durante varios días con síntomas adicionales
6. *Vómitos* (diferente de las regurgitaciones después de comer):
   — si el niño da muestras de estar enfermo, o actúa de forma diferente (ver n.° 1).
7. *Diarrea* fuerte (defecaciones acuosas o verdosas que son diferentes y más frecuentes de lo normal).
8. *Sangre en las heces,* o en el vómito.
9. *Inflamación o herida en el ojo.*
10. *Golpe* en la cabeza:
    — si el bebé no está alerta, ni sigue su actividad normal durante más de 15 minutos.
11. *Lesión de algún miembro:*
    — le duele al utilizarlo.
    — no lo utiliza cuando debiera.
12. *Quemaduras:*
    — sobre todo si aparecen ampollas.
13. *Venenos:*
    — se le debe llevar al médico o Casa de Socorro inmediatamente.
14. *Cortes:*
    — si son profundos.
15. *Sangre por la nariz:*
    — si no para en 10 minutos.
16. *Sarpullidos:*
    — casi todos.

Bibliografía

ABT Asocciates, Inc. *Costs and Quality Issues for Operators.* Washington, D.C.: Day Care and Child Development Council of America, 1972.

Ainsworth, M.D.S. «The Development of Infant-Mother Attachment». En *Review of Child Development Research, Vol. 3. Child Development and Social Policy,* B.M. Caldwell y H.N. Ricciuti (Eds.) Chicago: University of Chicago Press, 1973.

American Academy of Pediatrics. *Standards for Day Care Centers for Infants and Childeren Under 2 Years of Age.* Evanston, Ill.: American Academy of Pediatrics, 1971. También en Day Care and Child Development Council of America, 1401 K St., NW, Washington, D.C. 20005.

Appalachian Regional Commission. *Programs for Infants and Young Children.* D.C.: Appalachian Regional Commission, 1970.

Parte I: Educatión y cuidado infantil.

Parte II: Nutrición.

Parte III: Salud.

Parte IV: Equipamiento y oportunidades

Bayley, N. *Bayley Scales of Infant Development—Manual*. Nueva York: Psychological Corporation, (Trad. cast.: 1969. *Escuelas Bayley de desarrollo infantil,* Madrid, TEA, 1977).

Bell, S.M., y Ainsworth, M.D.S. «Infant Crying and Maternal Responsiveness.» *Child Development* 43 (1972): 1171-1190.

Blehar, M.P. «Anxious Attachment and Defensive Reactions Associated with Day Care.» *Child Development* 45 (1974): 683-692.

Bogart, L.J.; Briggs, G.M.; y Calloway, D.H. *Nutrition and Physical Fitness.* Philadelphia: W.B. Saunders, 1973.

Bowlby, J. *Attachment and Loss.* Vol. 2: *Separation.* Londres: Hogarth, 1973. (Trad. cast.: *La separación afectiva,* Barcelona, Paidós, 1985)

Brazelton, T.B. «Working with the Family.» En *The Infants We Care For,* L.L. Dittmann. (Ed.) Washington, D.C.: National Association for the Education of Young Children, 1973.

Brazelton, T.B. *Infants and Mothers.* Nueva York: Delacorte Press, 1969. (Trad. cat.: *Niños y madres: los primeros doce meses,* Bogotá, Carlos Valencia editores, 1979).

Breckenridge, M.E., y Murphy, M.N. *Growth and Development of the Young Child,* 8.ª ed. Philadelphia: W.B. Saunders, 1969.

Bronfenbrenner, U. «When is Infant Stimulation Effective?» En *Environmental Influences,* D.C. Glass. (Ed.) Nueva York: Rockefeller Press y Russell Sage Foundation, 1968.

Caldwell, B.M. «What is the Optimal Learning Environment for the Young Child?» *American Journal of Orthopsychiatry* 27 (1967): 8-21.

Caldwell, B.M. « What Does Research Teach Us about Day Care for Children under Three?» *Children Today* 1 (1972): 6-11.

Caldwell, B.M.; Wright, C.M.; Honig, A.S.; y Tannenbaum, J. «Infant Day Care and Attachment.» *American Journal of Orthopsychiatry* 40 (1970): 397-412.

Cattell, P. *The Measurement of Intelligence of Infants and Young Children.* Nueva York: Psychological Corporation, 1940.

Chandler, C.A.; Lourie, R.S.; y Peters, A.D., (Eds.) *Early Child Care.* Nueva York: Atherton Press, 1968.

Church, J. *Three Babies: Biographies of Cognitive Development.* Nueva York: Random House, 1966.

Cohlan, S.Q. *Baby Care: a Program for Self-Instruction.* Nueva York: Instructional Materials Laboratories, 1970.

Conserco, Inc. *Child Care Bulletin N.° 4,* tema: *A Survey of Stata Day Care Licensing Requirements.* Washington, D.C.: Day Care and Child Development Council of America, 1972.

Day Care Council of New York. *So You're Going to Run a Day Gare Service.* Nueva York: Day Care Council of New York, 1971.

Department of Health, Education, and Welfare. *The Federal Interagency Day Care Requirements of 1968.* Reimpreso por el Day Care and Child Development Council of America, Washington, D.C.

Department of Health, Education, and Welfare; Maternal and Child Health Service. *Nutrition and Feeding of Infants and Children Under Three in Group Day Care.* Washington, D.C.: U.S. Government Printing Office, 1971 [DHEW Publicación N.° (HM) 72-5606].

Dittmann, L.L. (Ed.) *The infants We Care For.* Washington, D.C.: National Association for the Education of Young Children, 1973.

Durfee, J.T., y Lee, L.C. «Infant-Infant Interaction in Day Care Setting.» Trabajo presentado en la asamblea de la, American Psychological Association, Agosto 1973, Montreal, Canada, (Informe técnico, Cornell Research Program in Early Development and Education. Ithaca, N.Y.: Cornell University, Agosto 1973).

Etzel, B.C. y Gewirtz, J.L. «Experimental Modification of Caretaker-Maintained High-Rate Operant Crying in a 6- and 20-week Old Infant: Extinction of Crying with Reinforcement of Eye Contact and Smiling.» *Journal of Experimental Child Psychology* 5 (1967): 303-307.

Evans, E.B., y Saia, G.E. *Day Care for Infants.* Boston: Beacon Press, 1972.

Evans, E.B., Shub, B.; y Weinstein, M. *Day Care*. Boston: Beacon Press, 1971.

Fein, G.G., y Clarke-Stewart, A. *Day Care in Context.* Nueva York: John Wiley & Sons, 1973.

Fowler, W. «The Effect of Early Stimulation: the Problem of Focus in Developmental Stimulation.» *Merrill-Palmer Quarterly* 15 (1969): 159-170.

Fowler, W. «Developmental Learning Approach to Infant Care in a Group Setting.» *Merrill-Palmer Quarterly* 18 (1972): 145-175.

Fowler, W., y Biderman, E. *Developmental Methods for Physical Care Rountines with Infants.* Toronto, Ontario: Ontario Institute for Studies in Education, 1972.

Frankenburg, W.K.; Goldstein, A.; y Camp, B.W. «The Revised Denver Developmental Screening Test: Its Accuracy as a Screening Instrument.» *Journal of Pediatrics* 79 (1971): 988-995.

Gesell, A., y cols. *The First Five Years of Life.* Nueva York: Harper, 1940. (Trad. cat.: *El niño de 1 a 5 años,* Barcelona, Paidós, 1985).

Gordon, I.J. *Baby Learning through Baby Play.* Nueva York: St. Martin's Press, 1970.

Granato, S., y Krone, E. *Day Care 8: Serving Children with Special Needs.* Washington, D.C.: U.S. Government Printing Office, 1972 [DHEW Publicación N.° (OCD) 72-42].

Griffiths, R. *The Abilities of Babies.* Nueva York: McGraw-Hill, 1954.

Grotberg, E.H., (Ed.) *Day Care: Resources for Decisions.* Washington, D.C.: Office of Economic Opportunity, 1971.

Honig, A.S., y Lally, R.J. *Infant Caregiving: A Design for Training.* Nueva York: Media Press, 1972.

Horowitz, F.D., y Paden, L.Y. «The Effectiveness of Environmental Intervention Programs.» En *Review of Child Development Research,* Vol. 3: *Child Development and Social Policy,* B.M. Caldwell y H.N. Ricciuti. (Eds.) Chicago: University of Chicago Press, 1973.

Host, M.S., y Heller, P.B. *Day Care 7: Administration.* Washington, D.C.: U.S. Government Printing Office, 1971 [DHEW Publicatión N.° (OCD) 72-20].

Howard, M. *Group Infant Care Programs, a Survey.* Washington, D.C.: Consortium on early Childbearing and Childrearing, 1971.

Hunt, J. McV. *Intelligence and Experience.* Nueva York: Ronald Press, 1961.

Hunt, J. McV. «The Epigenesis of Intrinsic Motivation and the Fostering of Early Cognitive Development.» En *Current Research in Motivation*. R.N. Haber (Ed.) Nueva York: Holt, Rinehart, and Winston, 1966. También en Hunt, J. McV. «The Challenge of Incompetence and Poverty» Urbana, Ill.: University of Illinois Press, 1969.

Huntington, D.S.; Provence, S.; y Parker, R.K. *Day Care 2: Serving Infants.* Washington, D.C.: U.S. Government Printing Office, 1971 [DHEW Publicación N.° (OCD) 72-8].

Institute for Child Mental Health. *Building Skills for Day Care of Infants.* Monografía N.° 9. Nueva York: Institute for Child Mental Health, 1973.

Johnson, J.E. «Crying and the Relief of Distress in an Infant Day Care Nursery.» Informe técnico, Cornell Research Program in Early Development and Education. Ithaca, N. Y.: Cornell University, enero 1974.

Jorn, M.; Persky, B.; y Huntington, D.S. «Selection of Staff.» En *The Infants We Care For,* L.L. Dittmann. (Ed.) Washington, D.C.: National Association for the Education of Young Children, 1973.

Jorn, M.; Persky, B.; y Keister, M.E. «Training of Staff.» En *The Infants We Care For,* L.L. Dittmann. (Ed.) Washington, D.C.: National Association for the Education of Young Children, 1973.

Keister, M.E. *«The Good Life» for Infants and Toddlers.* Washington, D.C.: National Association for the Education of Young Children, 1970.

Keister, M.E. «Practical Considerations in the Operation of a Center for Infants and Toddlers and Their Families.» En *The Infants We Care For,* L.L. Dittmann. (Ed.) Washington, D.C.: National Association for the Education of Young Children, 1973.

Keister, M.E. *Discipline: the Secret Heart of Child Care.* Greensboro, N.C.: North Carolina Training Center for Infant-Toddler Care, 1973.

Lally, J.R. «Development of a Day Care Center for Young Children.» Informe del Syracuse, N.Y. Children's Center, 1969-70.

Labmie, D.Z., y Weikart, D.B. «Ypsilanti-Carnegie Infant Education Proyect.« En *Disadventaged Child.* Vol. III, J. Hellmuth (Ed.) Nueva York: Bruner Mazel, 1970.

Lee, L.C. «Social Encounters of Infants: the Beginnings of Popularity.» Trabajo presentado en la asamblea de la International Society for the Study of Behavioral Development, Agosto 1973, Ann Arbor, MI. (Informe técnico, Cornell Research Program in Early Development and Education Ithaca, N.Y.: Cornell University, Agosto 1973).

Lewis, M., y Wilson, C.D. «Infant Development in Lower Class American Families.» *Human Development* 15 (1972): 112-127.

Murphy, L.B. «Spontaneous Ways of Learning in Young Children. » *Children* 14 (1967): 210-216.

Murphy, L.B. «Multiple Factors in Learning in the Day Care Center.» *Childhood Education* 45 (1969): 311-320.

North, A.F. *Day Care 6: Health Services.* Washington, D.C.: U.S. Government Printing Office, 1971 [DHEW Publicación N.° (OCD) 72-4].

Office of Child Development, U.S. Department of Health, Education, and Welfare. *Day Care*. Washington, D.C.: U.S. Government Printing Office.

1. *A Statement of Principles,* 1971 [DHEW Publicación N.° (OCD) 72-10].
2. *Serving Infants,* 1971 [DHEW Publicación N.° (OCD) 72-8].
3. *Serving Preschool Children,* 1974 [DHEW Publicación N.° (OCD) 74-1057].
4. *Serving School Age Children,* 1972 [DHEW Publicación N.° (OCD) 72-34].
5. *Staff Training,* 1971 [DHEW Publicación N.° (OCD) 72-23].
6. *Health Services,* 1971 [DHEW Publicación N.° (OCD) 72-4].
7. *Administration,* 1971 [DHEW Publicación N.° (OCD) 72-20].
8. *Serving Children with Special Needs,* 1972 [DHEW Publicación N.° (OCD) 72-42].

Office of Child Development, U.S. Department of Health, Education, and Welfare. *Infant Care.* Washington, D.C.: U.S. Government Printing Office, 1972 [DHEW Publicación N.° (OCD) 73-15, veánse pags. 17-19].

Office of Child Develepment, U.S. Department of Health, Education, and Welfare. *Guide for Family Day Care Licensing.* Washington, D.C.: Office of Child Development, U.S. Department of Health, Education, and Welfare, 1973.

Painter, G. «The Effect of a Structured Tutorial Program on the Cognitive and Language Development of Culturally Disadvantaged Infants.» *Merill-Palmer Quarterly* 15 (1969): 279-294.

Painter, G. *Teach Your Baby.* Nueva York: Simon & Schuster, 1971.

Parker, R.K., y Dittmann, L.L. *Day Care 5 Staff Training.* Washington, D.C.: U.S. Government Printing Office, 1971 [DHEW Publicación N.° (OCD) 72-23].

Pechman, S.M. «Seven Parent and Child Centers.» *Children Today* 1 (1972): 28-31.

Pekarsky, D.; Kagan, J.; y Kearsley, R. *Manual for Infant Development.* No se indica nombre del editor. Dirección del autor: Dr. Jerome Kagan, Department of Social Relations, Harvard University, Cambridge, Mass. 02138.

Provence, S. *Guide for the Care of Infants in Groups.* Nueva York: Child Welfare League of America, 1971.

Provence, S., y Lipton, R.C. *Infants in Institutions.* Nueva York: International Universities Press, 1962.

Ricciuti, H.N. «Fear and the Development of Social Attachment in the First Year of Life.» En *Origins of Human Behavior: Fear,* M. Lewis y L. Rosenblum (Eds.) Nueva York: Hohn Wiley, 1974.

Ricciuti, H.N., y Poresky, R.H. «Development of Attachment to Caregivers in an Infant Nursery during the First Year of Life» Trabajo presentado en la asamblea de la Society for Research in Child Development, Marzo 1973, Philadelphia, Pa.

Rutter, M. *Maternal Deprivation Reassessed.* Baltimore: Penguin Books, 1972. (Trad. cast. *La deprivación materna,* Madrid, Morata, 1990).

Ryan Jones Associates, Inc. *How to Operate Your Day Care Program.* Wyomissing, Pa.: Ryan Jones Associates, 1970.

Sale, J. *Programs for Infants and Young Children.* Parte IV: *Facilities and Equipment*. Whashington, D.C.: Appalachian Regional Commission, 1970.

Saunders, M.M. *The ABC's of Learning in Infancy.* Greensboro, N.C.: University of North Carolina Demonstration Project, 1971.

Spock, B. *Baby and Child Care.* Nueva York: Pocket Books, 1970. (Trad. cast.: *Tu hijo* (17.ª ed.), Barcelona, Daimon, 1985).

Starr, H. «Cognitive Development in Infancy: Assessment Acceleration, and Actualization.» *Merrill-Palmer Quarterly* 17 (1971): 153-186.

Stone, L.J., y Church, J. *Childhood and Adolescence*.3.ª ed. Nueva York: Random House, 1973.

Sutton-Smith, B. *Child Psychology.* Nueva York: Appleton-Century-Crofts, 1973.

Tronick, E., y Greenfield, P.M. *Infant Curriculum.* Nueva York: Media Projects, 1973.

Upchurch, B. *Easy-to-do Toys and Activities for Infants and Toddlers.* Se puede pedir en el Infant Care Project, The University of North Carolina at Greensboro, Greensboro, North Carolina 27412.

Vaughan, G. *Mummy, I Dont't Feel Well: A Pictorial Guide to Common Childhood Illnesses*. (Trad. cast.: Mamá, no me siento bien, León, Everest, 1987). Londres: Berkeley Graphics, 1970.

Weikar, D.P. y Lambie, D.Z. «Early Enrichment in Infants.» En *Education of the Infant and Young Child,* V.H. Denenberg. (Ed.) Nueva York: Academic Press, 1970.

White, B.L. «Our Goals for the Infant and His Family.» En *The Infants We Care For,* L.L. Dittmann. (Ed.) Washington, D.C.: National Association for the Education of Young Children, 1973.

White, B.L., y Watts, J.C. *Experience and Environment.* Vol. 1 Englewood Cliffs, N.J.: Prentice-Hall, 1973.

Williams, T.M. *Infant Care: Abstracts of the Literature.* Washington, D.C.: Consortium on Early Childbearing and Childrearing, Suite 618, 1145 Nineteenth St., N.W., Whashington, D.C. 20036 (Child Welfare League of America).

Willis, A., y Ricciuti, H.N. «Longitudinal Observations of Infants' Daily Arrivals at a Day Care Center.» Informe técnico, Cornell Research Program in Early Development and Education. Ithaca, N.Y.: Cornell University, enero 1974.

Work, H.H. «Parent-Child Centers: A Working Reappraisal.» *American Journal of Orthopsychiatry* 42 (1972): 582-595.

Yarrow, L.J. «Separation from Parents During Early Childhood.» En *Review of Child Development Research,* Vol. 1, M.L. Hoffman y L.W. Hoffman. (Eds.) Nueva York: Russell Sage, 1964.

Yarrow, L.J. «Conceptualizing the Early Environment.» En *Early Child Care,* C.A. Chandler, R.S. Lourie, y A.D. Peters. (Eds.) Nueva York: Atherton Press, 1968.

Yarrow, L.J.; Rubinstein, J.L.; Pedersen, F.A.; y Jankowski, J.J. «Dimensions of Early Stimulation and Other Differential Effects on Infant Development.» *Merrill-Palmer Quarterly* 18 (1972): 205-218.

OTRAS OBRAS DE EDICIONES MORATA DE INTERES

Bale, J.: *Didáctica de la geografía en la escuela primaria.*
Bennett, N.: *Estilos de enseñanza y progreso de los alumnos.*
Bergeron, M.: *Desarrollo psicológico del niño.*
Birzea, C.: *Hacia una didáctica por objetivos.*
Bowlby, J.: *Los vínculos afectivos.*
Bruner, J.: *Desarrollo cognitivo y educación.*
Serie Bruner: *El desarrollo en el niño* (18 volúmenes).
Coleman, J.: *Psicología de la adolescencia.*
Cook, T.: *Métodos cualitativos y cuantitativos en investigación evaluativa.*
Decroly, O.: *El juego educativo.*
Donaldson, M.: *La mente de los niños.*
Driver, R., Guesne, E. y Tiberghien, A.: *Ideas científicas en la infancia y la adolescencia.*
Elliott, J.: *La investigación-acción en educación.*
Fernández Pérez, M.: *Evaluación y cambio educativo.*
Gillham, B.: *El desarrollo infantil.*
Gimeno Sacristán, J.: *La pedagogía por objetivos: obsesión por la eficiencia.*
Gimeno Sacristán, J.: *El curriculum: una reflexión sobre la práctica.*
Goetz, J.P. y LeCompte, M.D.: *Etnografía y diseño cualitativo en investigación educativa.*
Harlen, W.: *Enseñanza y aprendizaje de las ciencias.*
Hegarty, S.: *Aprender juntos.*
Kemmis, S.: *El curriculum: más allá de la teoría de la reproducción.*
Loughlin, C. y Suina, J.H.: *El ambiente de aprendizaje.*
Lovell, K.: *Desarrollo de los conceptos básicos matemáticos y científicos en los niños.*
Marland, M.: *El arte de enseñar.*
November, J.: *Experiencias de juego con preescolares.*
Oléron, P.: *El niño y la adquisición del lenguaje.*
Oléron, P.: *El niño: su saber y su saber hacer.*
Osterrieth, P.: *Psicología infantil.*
Piaget, J.: *La composición de las fuerzas y el problema de los vectores.*
Piaget, J.: *Psicología del niño.*
Piaget, J.: *La representación del mundo en el niño.*
Piaget, J.: *La toma de conciencia.*
Postic, M.: *Observación y formación de los profesores.*
Pozo, J.I.: *Teorías cognitivas del aprendizaje.*
Rutter, M.: *La deprivación materna.*
Saunders, R. y Bingham-Newman, A.M.: *Perspectivas piagetianas en la educación infantil.*
Selmi, L. y Turrini, A.: *La escuela infantil a los tres años.*
Selmi, L. y Turrini, A.: *La escuela infantil a los cuatro años.*
Selmi, L. y Turrini, A.: *La escuela infantil a los cinco años.*
Skemp, R.: Psicología del aprendizaje de las matemáticas.
Stenhouse, L.: *Investigación y desarrollo del curriculum.*
Stenhouse, L.: *La investigación como base de la enseñanza.*
Turner, J.: *El niño ante la vida.*
Walker, R.: *Métodos de investigación para el profesorado.*
Zimmermann, D.: *Observación y comunicación no verbal en la escuela infantil.*